Matthias Blazek

Die Schlacht bei Trautenau

Der einzige Sieg Österreichs im Deutschen Krieg 1866

„Der Krieg von 1866 zwischen Preußen und Österreich war eine weltgeschichtliche Nothwendigkeit, er mußte früher oder später einmal zum Ausbruch kommen."

Aus: Der Feldzug von 1866 in Deutschland, redigiert von der kriegsgeschichtlichen Abteilung des Großen Generalstabs, Bd. II, Berlin 1867, S. 1 f.

Dieses Zitat, das im engen zeitlichen Zusammenhang mit den Geschehnissen von 1866 zu Papier gebracht worden ist, braucht nicht weiter kommentiert zu werden. Von der Notwendigkeit – oder gar der "weltgeschichtlichen Notwendigkeit" – eines Krieges wird nur sprechen, wer diesen aktiv herbeiwünscht und zugleich seine eigene Verantwortung verschleiern möchte.

Doch gerade diese kurze und prägnante Aussage von der vermeintlichen "weltgeschichtlichen Notwendigkeit" spiegelt hervorragend die damalige Stimmung und Selbstwahrnehmung wider, die geprägt war von begeistertem Patriotismus, unreflektiertem Militarismus und dem Gefühl, an großen, schicksalhaften Ereignissen teilzunehmen.

Matthias Blazek

DIE SCHLACHT BEI TRAUTENAU

Der einzige Sieg Österreichs im Deutschen Krieg 1866

ibidem-Verlag
Stuttgart

Bibliografische Information der Deutschen Nationalbibliothek
Die Deutsche Nationalbibliothek verzeichnet diese Publikation in der Deutschen Nationalbibliografie; detaillierte bibliografische Daten sind im Internet über http://dnb.d-nb.de abrufbar.

Bibliographic information published by the Deutsche Nationalbibliothek
Die Deutsche Nationalbibliothek lists this publication in the Deutsche Nationalbibliografie; detailed bibliographic data are available in the Internet at http://dnb.d-nb.de.

Umschlaggestaltung, Bildbearbeitung und Satz: Matthias Blazek

Wissenschaftliche und sonstige Begleitung:

Oberstleutnant Detlef Schachel, Berlin
Stabsfeldwebel Volker Schöppel, Bayreuth
Werner Mühlmann, Calau
Peter Schulz, Garbsen

Abbildungen auf dem Umschlag: Oben: Carl-Infanterie beim Sturm auf den Kapellenberg bei Trautenau am 27. Juni 1866. Ausstellung im Trautenauer Heimatmuseum. Unten: Bild vom Gefecht. Ausstellung im Trautenauer Heimatmuseum. Fotos (2): Peter Schulz

∞

Gedruckt auf alterungsbeständigem, säurefreien Papier
Printed on acid-free paper

ISBN-13: 978-3-8382-0367-6

Geleitwort

In diesem Buch beeindruckt besonders die Vielfalt der unterschiedlichen Einblicke, die der Leser erhält. Damit weicht der Autor, Matthias Blazek, von der klassischen Darstellung typischer Waffengänge jener Zeit ab, schreibt erfrischend anders. Er führt, basierend auf sorgfältig zusammengestellten, zeitgenössischen Quellen, mitten in das Geschehen hinein. So findet sich der Leser in jener Zeit des Jahres 1866 auf den Marktplatz in Trautenau wieder, inmitten der in den umliegenden Wirtshäusern rastenden Truppen. Dann stürmt er mit preußischen Infanteristen in glühender Hitze gegen die österreichischen Hügelstellungen am Stadtrand an. Kurz darauf erlebt er auf der anderen Seite hautnah die verheerende Wirkung des Feuers moderner preußischer Zündschlossgewehre in den Reihen der Österreicher. Später steht der Leser ganz nah neben dem Krankenpfleger, der Verwundeten und Sterbenden den Fieberschweiß von der Stirn tupft.

Autor Blazek lässt uns auch in weitere, unbequeme Begleiterscheinungen des Krieges eintauchen. Dazu zählen die Wechselwirkung zwischen den Soldaten und der Zivilbevölkerung oder die Auswirkungen von Fehleinschätzungen und schlechten Abstimmungen der Heerführer. Hier wird mit Blut bezahlt. Das verschweigt der Autor nicht. Natürlich ist auch der militärische Hergang der Schlacht feinsäuberlich dargestellt, Theodor Fontane und anderen damaligen Berichterstattern des Krieges sei Dank.

Dieses Buch stellt eine Niederlage der Preußen in den Mittelpunkt der Betrachtung. Auch wenn diese Niederlage die einzige blieb im Ringen Preußens und Österreichs um die Vorherrschaft in Deutschland im Jahr 1866. Der Autor unterliegt jedoch nicht der Versuchung, diesen Krieg als einen Meilenstein auf dem Weg in die Bildung des Deutschen Reiches zu glorifizieren.

Autor Matthias Blazek sieht sich selbst als Heimatkundler. Der gebürtige Niedersachse ist aber auch Journalist, Historiker und Publizist – die Vielzahl seiner Veröffentlichungen belegen dies. Damit nicht genug, ist er Ratsherr und war Mitglied mehrerer Ausschüsse im Gemeinderat. Neben der Kommunalpolitik setzt er sich als Vorsitzender des Schulelternrates, als Projektleiter eines Integrationsprojektes und als Engagementlotse für Ehrenamtliche vielfältig für seine Mitmenschen ein. Schließlich unterstützt er den Verein Clinic-Clowns Hannover e.V., der Kindern ihren Aufenthalt im Krankenhaus erleichtern will. Ach ja, und mit seiner Ehefrau hat er auch drei Kinder, die ihn als Vater beanspruchen.

Kurz gesagt, Matthias Blazek ist ein Mensch mit einem großen Herzen für andere Menschen. Dies wird sich dem Leser erschließen. Auch wenn er nicht mein Privileg einer mehrwöchigen, persönlichen Zusammenarbeit mit Matthias Blazek teilt.

Detlef Schachel
Oberstleutnant
Strausberg
Akademie der Bundeswehr für Information und Kommunikation

Vorwort

Am 27. Juni des Jahres 1866 drangen die preußischen Truppen über den Liebauer Grenzpass ins Gebiet von Trautenau (*Trutnov*) und Nachod in Ostböhmen (heutiges Tschechien) ein, um weiter ins Binnenland einzumarschieren. Bei Trautenau sollten sie das 10. Armeekorps unter dem Befehl des Feldmarschallleutnants Ludwig von Gablenz aufhalten. Noch am gleichen Tag kam es zur blutigen Schlacht. Die kriegerische Auseinandersetzung des Preußisch-Österreichischen Krieges 1866 sollte endgültig den Streit zwischen den beiden Mächten um die Vorherrschaft im zerstückelten und wieder zu vereinenden Deutschland entscheiden. Am 3. Juli 1866 kam es zum entscheidenden Treffen. In einer der größten Schlachten des 19. Jahrhunderts siegten bei Königgrätz (*Hradec Králové*) die preußischen Waffen. Der Krieg war entschieden. Später zeigte es sich, dass die Schlacht bei Trautenau die einzige in diesen kriegerischen Konflikt sein sollte, in der die Österreicher die Preußen zu schlagen vermochten. Aus Anlass der 135. Wiederkehr der Schlacht von Trautenau wurde dort im Juli 2001 feierlich der Lehrpfad „27.6.1866 – Tag der Schlacht von Trautenau" eingeweiht. An das Ereignis erinnert heute zudem ein 20 Meter hohes gusseisernes Denkmal des Feldmarschallleutnants von Gablenz auf dem südlich von Trautenau befindlichen Berg Šibeník (Gablenzberg, 1866 noch „Galgenberg").

Die Schlacht bei Trautenau im Riesengebirge ist lange nicht so bekannt wie die wenige Tage später erfolgte Schlacht bei Königgrätz. Für die Österreicher war der Rückzug der Preußen an jenem Tag ein kleiner Erfolg, der am Ausgang des Krieges keinen Einfluss mehr hatte.

Dass über 6800 Menschen bei dieser Schlacht ihre Leben verloren, wird bei den vorliegenden Darstellungen schnell in den Hintergrund gerückt, zumal es bei den Überlieferungen eher um Militärstrategien und -erfolge ging. Bücher und Schriften zum Thema sind bereits in den Jahren 1866 und 1867 erschienen, die in dem vorliegenden Buch auch berücksichtigt werden sollen. Besonders interessant ist darunter vor allem die Erinnerung des damaligen Trautenauer Bürgermeisters an 80 Tage preußische Gefangenschaft.

Bei der Darstellung der Ereignisse muss auch immer berücksichtigt werden, dass die damaligen Überlieferungen nicht unbedingt wertfrei zu Papier gebracht worden sind.

Bei Trautenau stießen am 27. Juni 1866 insgesamt 60000 Infanteristen, 4000 Kavalleristen und 25 Artilleriebatterien zusammen.

Matthias Blazek

Gliederung

Meinem Urgroßvater

Josef Cejnar

*** Roztoky bei Königinhof/Böhmen am 12.12.1887**

† Celle/Niedersachsen 30.10.1973

Abb. 1: Der Kronprinz von Preußen besucht die Verwundeten von Königgrätz. Aus: Zimmermann, Wilhelm, Illustrirte Kriegsgeschichte des Jahres 1866 für das deutsche Volk, Stuttgart 1868, S. 174.

Der Deutsche Krieg 1866

Der Deutsche Krieg 1866 war, wie Klaus Müller titelt, „Bismarcks deutscher Bruderkrieg". Der preußische Ministerpräsident Otto von Bismarck (1815-1898) hatte es in der Kronratssitzung am 28. Februar 1866 erreicht, den vor einem „Bruderkrieg" zurückschreckenden König Wilhelm I. von der Kriegspolitik zu überzeugen.

Von 1861 bis 1865 hatte auf dem nordamerikanischen Kontinent der Sezessionskrieg oder amerikanische Bürgerkrieg zwischen den aus der Union der Vereinigten Staaten ausgetretenen Südstaaten (der Konföderation) und den in der Union verbliebenen Nordstaaten getobt. Nur ein Jahr später kam es auch in Mitteleuropa zu einem blutigen Bruderkrieg, dem Deutschen Krieg.

Am 11. Juni 1866 forderte Österreich im Bundestag zu Frankfurt am Main „zum Schutze der inneren Sicherheit Deutschlands und der bedrohten Rechte seiner Bundesglieder" die Mobilmachung der sieben nichtpreußischen Bundeskorps zum Bundeskrieg gegen Preußen. Für Preußen bedeutete dieser Antrag ein Bruch des Bundeshauptes, denn nach dem Bundesrecht gab es einen Bundeskrieg nur gegen einen äußeren Feind, aber niemals gegen ein Bundesmitglied. Der österreichische Antrag wurde am 14. Juni von der Mehrheit des Bundestags mit neun gegen sechs Stimmen angenommen. Preußen richtete daraufhin am 16. Juni eine Note an die norddeutschen Staaten, konnte aber nur einige militärisch unbedeutende Länder als Verbündete gewinnen.

Der Deutsche Krieg wird in unserer Zeit häufig als „Deutsch-Österreichischer Krieg" oder auch als „Preußisch-Österreichischer Krieg" ausgegeben. Diese Bezeichnungen sind aber falsch; denn das Königreich Preußen führte offiziell Krieg gegen den 1815 gegründeten Deutschen Bund. Deshalb bezeichneten zeitgenössische Historiker diesen Krieg auch als „Preußisch-deutschen Krieg" beziehungsweise als „Deutschen Krieg". „Der Deutsche Krieg von 1866 ... war – formell betrachtet – ein Krieg des Deutschen Bundes unter der Führung der Präsidialmacht Österreich gegen Preußen und dessen Verbündete und wurde um die Vorherrschaft in Deutschland ausgetragen", schreibt Joachim Forg.[1]

Die Verbündeten auf Seiten Österreichs waren Sachsen, Bayern, Württemberg, Baden, Hannover, Hessen-Darmstadt, Hessen-Kassel und Nassau; auf preußischer Seite beteiligten sich am Krieg nur Sachsen-Coburg und Lippe, außerdem Italien (Bündnis mit Preußen vom 8. April 1866). Auslöser des Krieges war die Besetzung Holsteins durch preußische Truppen entgegen der Gasteiner Konvention vom 14. Mai 1865, der zufolge Österreich die Verwaltung des Herzogtums Holsteins und Preußen die Verwaltung des Herzogtums Schleswigs erhielt. Der österreichische Antrag auf Mobilisierung der Bundesarmee unter Ausschluss Preußens wurde am 14. Juni 1866 von der Mehrheit des Bundestages angenommen und von Preußen als Kriegserklärung aufgefasst. Lediglich auf dem italienischen Kriegsschauplatz konnten die Österreicher siegen, während der preußi-

[1] Forg, Joachim, „Der Deutsch-Deutsche Krieg", www.regionalgeschichte.net.

sche Vormarsch nach erfolgreichen Gefechten bei Sadowa und Königgrätz am 8. Juli 1866 bereits die Gegend von Wien erreichte.

In Böhmen trafen insgesamt mehr als 400.000 Soldaten zusammen, die innerhalb von acht Tagen pausenlos schwerste Kämpfe durchzustehen hatten. In der Schlacht bei Königgrätz trafen die Truppen Preußens beim Dorf Sadowa am 3. Juli 1866 auf die Armeen Österreichs und Sachsens. 221000 Soldaten des Königreichs Preußen unter Führung von Generalfeldmarschall Helmuth von Moltke (1800-1891) standen dort mit 702 Kanonen insgesamt 215000 Soldaten des Kaisertums Österreich (einschließlich 22000 Sachsen) unter Führung von Feldzeugmeister Ludwig von Benedek (1804-1881) mit 650 Kanonen gegenüber.

Da Bismarck ein Eingreifen Napoleons III. (1808-1873) auf österreichischer Seite fürchtete, schloss er am 26. Juli 1866 den Vorfrieden von Nikolsburg und am 23. August 1866 den endgültigen Frieden zu Prag. Österreich musste der Auflösung des Deutschen Bundes und der Gründung des Norddeutschen Bundes zustimmen. Hannover, Hessen-Kassel, Nassau, Frankfurt am Main und Schleswig-Holstein wurden durch Preußen annektiert.

Die Kriegsgeschichtliche Abteilung des Großen Generalstabs gab 1867 das 736 Seiten starke Werk „Der Feldzug von 1866 in Deutschland“ heraus. In der Einführung heißt es, die Geschichte sei „aus den offiziellen Berichten der preußischen Truppen geschöpft und zunächst für diese bestimmt“.

Weiter heißt es dort zu den Umständen:[2]

Welche Bedeutung Deutschland in der europäischen Welt gewann, sobald Oesterreich und Preußen einträchtig nach Außen wirkten, haben die Erfolge ihrer Bündnisse jederzeit gezeigt, aber in Deutschland selbst waren ihre Interessen schlechterdings unvereinbar. Hier war nicht Raum für beide; das eine oder das andere mußte weichen. — Oesterreich zwar hatte eine außerdeutsche Existenz, Preußen hingegen konnte seine Stellung in Deutschland nicht aufgeben, ohne sich selbst zu vernichten.

Während eines hundertjährigen äußeren Friedens zwischen Oesterreich und Preußen hat dieser Antagonismus beider Staaten niemals geruht. In solchem Ringen um die Führerschaft in Deutschland war der Streit um die Elbherzogthümer nur ein einzelnes, aber dasjenige Symptom des langen, tiefinnerlichen Kampfes, welches die nächste Veranlassung zum endlichen Bruch wurde, und woran die Darstellung des Feldzuges 1866 anknüpfen muß.

Das gemeinsame Vorgehen der preußischen und österreichischen Waffen gegen Dänemark hatte 1864 zum Wiener Frieden geführt, in welchem König Christian IX. seine gesammten Rechte auf die Elbherzogthümer dem König von Preußen und dem Kaiser von Oesterreich gemeinsam übertrug. Die weitere Auseinandersetzung blieb danach der Vereinbarung beider letzteren Souveraine ohne Dazwischenkunft jedes Dritten, vorbehalten. — Die so erworbenen Länder lagen ganz in der Machtsphäre Preußens. Oesterreich konnte dort so wenig festen

---

[2] Kriegsgeschichtliche Abteilung des Großen Generalstabs, Der Feldzug von 1866 in Deutschland, Berlin 1867, S. 2.

Fuß fassen wollen, wie Preußen in Italien, wenn es z. B. mit Oesterreich gemeinsam Modena und Toscana erobert hätte. Der Ausweg einer Cession des österreichischen Rechts auf die Elbherzogthümer gegen anderweite Entschädigung schien nicht unmöglich und wurde auch versucht. Kaiser Franz Joseph war indessen nicht geneigt, die Herzogtümer Holstein und Schleswig zu cediren, wenigstens nicht ohne anderweitige Landabtretung von Seiten Preußens, und da König Wilhelm von Haus aus und grundsätzlich sich auf das Bestimmteste gegen jede Gebiets-Veräußerung ausgesprochen hatte, so blieb es zunächst bei der gemeinsamen Verwaltung der beiden Herzogthümer.

Abb. 2: Preußische Heerführer, porträtiert 1866 für „Die Gartenlaube". Oben links: Kronprinz Friedrich Wilhelm (1831-1888), oben rechts: Karl Friedrich v. Steinmetz (1796-1877), Mitte: Helmuth v. Moltke (1800-1891), unten links: Eduard Vogel v. Falckenstein (1797-1885), unten rechts: Herwarth v. Bittenfeld (1802-1884).

Abb. 3: Denkmal auf dem Militärfriedhof in Parschnitz (*Poříčí*) zur Erinnerung an die Schlachten in Ostböhmen 1866: „Schlachten Trautenau Königinhof Skalitz & Königgrätz". Darüber thront, wie sonst auch häufig, ein schlafender Löwe. Es wurde in der Gießerei von Blansko in Mähren gegossen und von den Fabrikanten Walzel finanziert. Das Denkmal mit seiner Anlage wurde von der Stadt Trutnov komplett restauriert. In der Nachkriegszeit wurden solche Anlagen demontiert und verfielen. Die Stadt Trutnov hat viel Geld investiert für die Restaurierung von Denkmälern. Hierunter fällt auch die Wiedererrichtung der Kriegerdenkmäler für die Gefallenen des Ersten Weltkriegs. Das ist in Tschechien immer noch eine Seltenheit.

Die Schlacht bei Trautenau (Trutnov) am 27. Juni 1866

Die Schlacht bei Trautenau (*Trutnov*) in Böhmen fand während des Deutschen Krieges zwischen Preußen und Österreichern am 27. Juni 1866 statt. Sie endete mit einem Rückzug der unvorbereiteten Preußen in die Berge.

Es ging um die Vorherrschaft in Deutschland

Im Sommer 1866 war der preußisch-österreichische Konflikt um die Vorherrschaft in Deutschland zum Deutschen Krieg eskaliert. Der Deutsche Krieg von 1866, ursprünglich als Preußisch-Deutscher Krieg bezeichnet, war die kriegerische Auseinandersetzung des Deutschen Bundes unter Führung Österreichs mit Preußen und dessen Verbündeten.

Abb. 4: „Ring und Schloß von Nachod am 28. Juni 1866. Nach der Natur gezeichnet von O. Rechlin Sohn." Entnommen aus: Die Gartenlaube, Heft 36, Leipzig 1866, S. 565.

Als der Kampf bei Wysokow (bei Nachod in Ostböhmen), dem ersten größeren Gefecht des Krieges (27. Juni 1866), nachließ, tauchte das preußische I. Korps aus den Bergen bei Trautenau auf, das etwa 30 Kilometer nördlich von Nachod liegt und damals einer der wichtigsten österreichischen Stützpunkte war.[3]

Die tschechische Stadt Trautenau liegt auf einer Höhe von 414 Meter im südöstlichen Riesengebirge im Tal der Aupa (*Úpa*) und wird als „Tor zum Riesengebirge" bezeichnet.

[3] Den Befehl für das I. preußische Armee-Korps zum Vormarsch auf Trautenau siehe Oscar von Lettow-Vorbeck, Kriegsgeschichtliche Beispiele – Im Anschluß an den an den königlichen Kriegsschulen eingeführten Leitfaden der Taktik, Berlin 1899, S. 32.

Hieronymus Roth, im Schicksalsjahr 1866 40 Jahre alt und seit zwei Jahren im Amt des Bürgermeisters der Stadt Trautenau,[4] verdanken wir eine genaue Darstellung über die Örtlichkeit im Jahre 1866. Die Stadt blickte nach Roths Ausführungen „mit banger Besorgniß" einer unsicheren Zeit entgegen:

Trautenau ist der Mittelpunkt und der Hauptmarkt für die Flachsgarnspinnerei nicht nur in Österreich, sondern auch in dem nördlichen Deutschland, seine Garn= und Leinwandmärkte am Montage einer jeden Woche sind daher von Geschäftsleuten dieser Branche und namentlich auch aus Preußen zahlreich besucht, und der Geschäftsverkehr zwischen Oesterreichern und Preußen war stets ein in jeder Beziehung freundlicher.

Abb. 5: Trautenau mit dem 1861 neu errichteten Rathaus heute (2005).

[4] Hieronymus Roth, * 4. Mai 1826 in Willomitz, Böhmen, † 12. Dezember 1897 in Oberrohrbach, Österreich, war ein österreichischer Politiker und Advokat. Nach dem Studium der Rechtswissenschaften in Prag arbeitete Roth von 1863 bis 1870 als Rechtsanwalt in Trautenau und war ab 1864 Bürgermeister. Roth befand sich mit 18 weiteren Bürgern in 80-tägiger preußischer Gefangenschaft in Glogau. Dafür erhielt er am 18. September 1866 die Ehrenbürgerschaft der Stadt und die einiger benachbarter Orte. Kaiser Franz Joseph I. (1830-1916) dekorierte ihn mit dem Orden der Eisernen Krone III. Klasse und erhob ihn am 24. März 1867 in den Ritterstand. Roth war ab 1861 böhmischer Landtagsabgeordneter für den Wahlbezirk Trautenau und 1864-1869 Abgeordneter zum Reichsrat. Den Rest seines Lebens verbrachte er ab 1873 auf seinem Anwesen Eichberg bei Korneuburg (Niederösterreich), wo er ebenfalls politisch aktiv war. Über seine Gefangenschaft in Preußen schrieb er ein Buch. (Vgl. Slapnicka, Harry, „Hieronymus von Roth", in: Österreichisches Biographisches Lexikon 1815-1950, Bd. 9, Verlag der Österreichischen Akademie der Wissenschaften, Wien 1988, S. 276 f.)

Als im heurigen Frühjahre die Wahrscheinlichkeit eines Krieges zwischen Österreich und Preußen von Tag zu Tag größer wurde und sich endlich zur Gewißheit steigerte, mußte die Kriegseventualität auf das hiesige Geschäftsleben einen großen und zwar höchst nachtheiligen Einfluß üben; die Nachfrage auf Garne beschränkte sich ans einige grobe Nummern, und die Spinnfabriken reducirten ihre Arbeitszeit auf ein Minimum, und dem entsprechend den Lohn der Arbeiter; die preußischen Firmen suchten mit einer großen Aengstlichkeit ihre Forderungen eindringlich zu machen oder sicherzustellen und der Credit wurde in jeder Beziehung gelähmt, und hiermit der ganze Industriezweig.

Abb. 6: Gruß aus Trautenau in Böhmen v(on) d(en) Kriegerdenkmälern vom 28. August 1898. Wilhelm schrieb, dass er am gleichen Abend („heute Sonntag") zurückkommen werde.

Niemand begann einen Bau, auch der des Schwadowitz=Königshainer Eisenbahnflügels wurde sistirt, die Baugewerbe lagen daher darnieder und Hunderte von solchen Arbeitern waren beschäftigungs= und brodlos. Hiezu kam noch, daß zahlreiche Arbeiter aus Böhmen, die in Preußen Beschäftigung fanden, von dort ausgewiesen wurden. Diese Ausweisungen hatten zur Folge, daß die hiesigen brodlosen Arbeiter gegen jene aus Preußen erbittert wurden, und es mußte daher von der politischen Behörde die Ausweisung der Letzteren verfügt werden.

In Trautenau und dessen nächster Umgebung werden 6000 Arbeiter beschäftigt, und mit dem Zunehmen der Kriegsgefahr nahm auch die Zahl der Beschäftigungslosen zu, der Gränzverkehr wurde erschwert, endlich ganz aufgehoben.

Unter diesen Umständen konnte der Trautenauer Stadtrath nur mit banger Besorgniß in die Zukunft blicken, und dies um so mehr, da es ihm wohl nicht amtlich, aber aus Privatmittheilungen bekannt war, daß die hiesigen k. k. Amtsvorsteher, nämlich der Bezirksvorsteher und Zollamts=Director mit der Gensd'armerie und Finanzwache, die Cassa= und Telegraphenbeamten bei der Annäherung der Preußen sich zurückzuziehen hatten, und daher in diesem Falle bei der bestehenden bedauerlichen Mischehe zwischen Administration und Justiz, auch die Justizpflege aufhören mußte.

Trautenau, das vermutlich in der ersten Hälfte des 13. Jahrhunderts im Rahmen der Kolonisationstätigkeit der mährischen Herren von Schwabenitz entstanden war, wurde 1301 erstmals urkundlich genannt.[5] Im Jahre 1866 war Trautenau Sitz der gleichnamigen Bezirkshauptmannschaft. Das Rathaus stand seit 1861 nach einem Brand neu und im neugotischen Stil wieder aufgebaut da. Konflikte zwischen Deutschen und Tschechen waren keine Seltenheit. Tourismus spielte für Trautenau noch keine Rolle.

Abb. 7: Trautenau, wie Theodor Fontane es Mitte August 1866 gesehen hat.

Theodor Fontane (1819-1898), der die böhmischen Kriegsschauplätze im August 1866 bereiste, stellte über die Örtlichkeit fest:

Trautenau, eine Meile von der preußischen Grenze entfernt, gilt, neben Reichenberg, als die bedeutendste Fabrikstadt Böhmens. Es ist Mittelpunkt und Hauptmarkt für die Flachsspinnerei in ganz Oestreich und der Reichthum einzelner Firmen, wie die Betriebsamkeit seiner Bevölkerung geben ihm ein geordnetes und lachendes Ansehn. Es hat den Charakter einer aufblühenden englischen Fabrikstadt. Im Uebrigen bildet, wie bei allen böhmischen Städten, der Ringplatz den Mittelpunkt, an den sich, außer einigen zunächst liegenden Gassen, zwei Vorstädte anschließen: die Obervorstadt (westlich) und die Niedervorstadt (östlich).

Die Bevölkerung Trautenaus, etwa 5000, ist deutsch; was sich an czechischen Bewohnern findet, ist ein fremdes Element, das wenig in Betracht kommt und der Stadt keinenfalls ihren Charakter giebt. Ihre deutsche Bewohnerschaft, die Nähe der Grenze und die allwöchentlich stattfindenden Garn= und Leinwand-

[5] In einer Urkunde vom Jahr 1301, in welcher König Wenzel II. die Schenkungen der Familie Schwabenitz an das neu gegründete Hospital bestätigte, wurde zuerst neben dem alten Ortsnamen „Aupa“ der neue Trautenau „Trutnov“ genannt. (Jahrbuch der Gesellschaft für die Geschichte des Protestantismus in Oesterreich, Jg. 16, Wien und Leipzig 1895, S. 114.)

märkte, die namentlich auch von Schlesien her aufs lebhafteste besucht zu werden pflegten, waren Ursach, daß der Verkehr mit der nachbarlichen preußischen Provinz zu allen Zeiten der allerfreundlichste war. Die Wochen und Monate, die dem Kriege unmittelbar vorausgingen, hatten hierin allerdings eine Aenderung hervorgerufen; die Geschäftsstockung, die Arbeiternoth, hatten die Stimmung verschlechtert.

So viel über die Stadt selbst und ihre Bevölkerung; auch noch ein Wort über ihre Lage.

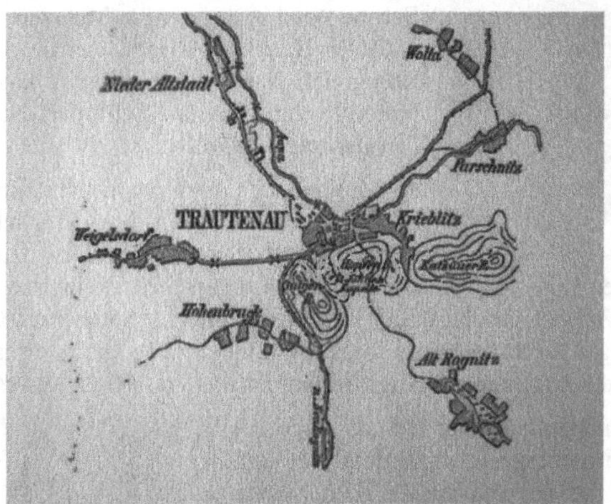

Abb. 8: Lagekarte mit Höhenangaben bei Theodor Fontane, 1870.

Trautenau liegt am rechten Aupa=Ufer, eine Viertelmeile westlich von der Stelle, wo der von Westen kommende Fluß rechtwinklig nach Süden hin abbiegt. Diese Flußbiegungsstelle, an der das Dorf Parschnitz gelegen ist, ist wichtig. Hier treffen alle von Schlesien her über das Gebirge führende Straßen zusammen und laufen dann gemeinschaftlich auf Trautenau zu. Auf zweien dieser Straßen rückte am 27. Juni das I. Corps heran.

Bis an die Aupa=Biegung (Parschnitz) bilden diese beiden Straßen enge, zum Theil schluchtenartige und schwer passirbare Defileen, (...)

Der Preußisch-Deutsche Krieg, wie der Konflikt zunächst genannt wurde, brach am 9. Juni 1866 aus. Genau genommen hatte er schon am 1. Juni des Jahres seinen Anfang genommen, als Österreich im Streit um die Herzogtümer die Vermittlung des Bundestags in Frankfurt am Main anrief. Österreich verkündete, es wolle den Bundestag über die Erbfolge in Holstein entscheiden lassen. Preußen bezichtigte Österreich, die Gasteiner Konvention gebrochen zu haben, und ließ seine Truppen am 9. Juni unter Bruch der besagten Konvention in das von Österreich verwaltete Herzogtum Holstein einmarschieren. Österreich beantragte daraufhin am 11. Juni die Mobilisierung des Bundesheeres gegen Preußen, die in der Bundesversammlung am 14. Juni 1866 beschlossen wurde.

Bereits am 12. Juni 1866 entwarf Feldzeugmeister Ludwig von Benedek (1804-1881, Foto links) in einem Brief an den General der Kavallerie Eduard Graf Clam-Gallas (1805-1891, rechts unten), Kommandant des österreichischen 1. Armeekorps, ein wenig tröstliches Bild der Lage. Dieser General sollte darauf gefasst sein, dass man Böhmen vielleicht vollständig werde räumen müssen.[6]

Europa stand in den ganzen Monaten Juni und Juli 1866 im Bann des Krieges, an dessen Ende das Königreich Hannover, ferner Kurhessen, Nassau, Frankfurt am Main und Schleswig-Holstein Preußen einverleibt wurden.

Alle Zeitungen, Gesellschaftsblätter und Magazine berichteten im Rahmen ihrer Möglichkeiten, das heißt, im Rahmen der ihnen zugegangenen Informationen, über die politischen und militärischen Ereignisse. Manch ein Heerführer verhielt sich bezüglich der Kriegsberichterstattung aus Gründen der Militärstrategie zurückhaltend. Es dauerte folglich Tage, bis Informationen über Gefechte und Schlachten das Auge des politisch interessierten Lesers erreichten.

Kriegsberichterstattung war damals noch ein Novum. Die moderne Kriegsberichterstattung wurde von der angelsächsischen Presse ins Leben gerufen. Während sich die Berichterstattung vorher auf kurze Meldungen beschränkt hatte, gab es im nordamerikanischen Bürgerkrieg anschauliche Schilderungen unter dem unmittelbaren Eindruck der Ereignisse mit starker Anteilnahme und Kritik. An den Kriegen 1864, 1866 und 1870/71 nahmen bekannte Schriftsteller als Kriegsberichterstatter teil, wie Theodor Fontane (1819-1898), Martin Cohn (1829-1894) als Berichterstatter des „Daheim“ und Louis Schneider (1805-1878) als Herausgeber der Zeitschrift „Der Soldaten-Freund“. Die Großzügigkeit, mit der die Tätigkeit ausländischer Kriegsberichterstatter gestattet wurde, brachte beiden Seiten erhebliche Schäden.[7]

---

[6] Friedjung, Heinrich, Der Kampf um die Vorherrschaft in Deutschland 1859 bis 1866, 2. Bd., 10. Aufl., Gefechte von Nachod und Trautenau, Stuttgart und Berlin 1917, S. 23.

[7] Transfeld, Walter; von Brandt, Karl Hermann Frhr., Wort und Brauch im deutschen Heer – Geschichtliche und sprachkundliche Betrachtungen über Gebräuche, Begriffe und Bezeichnungen des deutschen Heeres, 6. vermehrte Auflage, Hamburg 1976, Nr. 369.

Bei der Kriegsberichterstattung sind die Grenzen zwischen Information und Propaganda fließend. Im Fall des Deutschen Krieges 1866 gibt es immer eine preußische und eine österreichische Seite der Medaille. Verluste konnte und wollte man sich nicht vor der entscheidenden Schlacht bei Königgrätz eingestehen. Der Schriftsteller und approbierte Apotheker Theodor Fontane, der als bedeutendster deutscher Vertreter des poetischen Realismus gilt, war von 1860 bis 1870 für die konservative Berliner „Kreuzzeitung" tätig, zu deren Gründungskomitee u. a. Otto von Bismarck gehört hatte. 1864 reiste Fontane nach Kopenhagen, wo er in Reisebriefen über den Deutsch-Dänischen Krieg berichtete. 1866 schrieb er Reisebriefe vom böhmischen Kriegsschauplatz und veröffentlichte am Ende ein Buch über den Feldzug in Böhmen und Mähren.

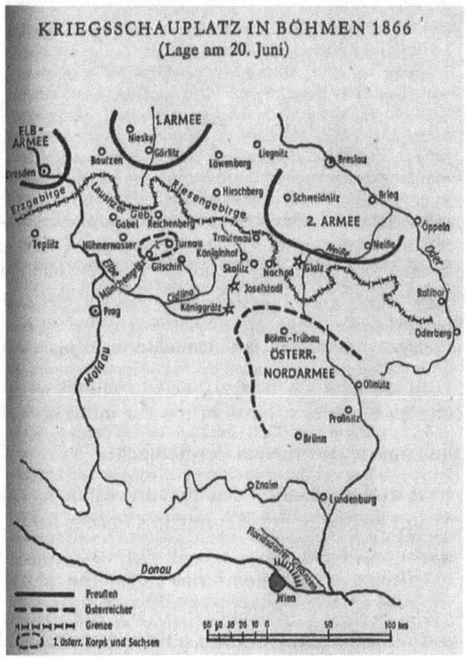

Abb. 11: Die k. k. Nordarmee des Armeeoberbefehlshabers Ludwig von Benedek war am 20. Juni 1866 folgendermaßen verteilt: Zwei leichte Kavalleriedivisionen überwachten die Grenzen nach Schlesien und Sachsen, das I. Korps war nach Böhmen vorgeschoben, wohin die sächsische Armee auswich. Die Hauptkräfte sammelten sich im Raum um die Festung Olmütz. Einschließlich der verbündeten sächsischen Streitkräfte verfügte von Benedek über etwa 261000 Mann.

„Auch die Sachsen, in so vielen Kämpfen bewährt", schreibt Fontane im Vorwort von „Reisebriefe vom Kriegsschauplatz", „dürfen eben jetzt wieder auf die Tage von Gitschin und Königgrätz hinweisen, wo sie musterhaft alle soldatischen Tugenden geübt, aber es ist eine alte Wahrnehmung aus Römertagen her, daß das, was sich bis zuletzt hält, bis zuletzt die Kraft vergangener Zeiten repräsentirt, das Heer ist. Eine Armee kann noch Nerv haben, wenn das Volk als Ganzes längst um diesen Nerv gekommen ist.“[8]

Kriegs-Operationsplan von Münchengrätz.

Abb. 12: Kriegs-Operationsplan von Münchengrätz (*Mnichovo Hradiště*), einem Ort etwa zehn Kilometer östlich von Hühnerwasser. General Eduard Graf Clam-Gallas, Kommandant des 1. Armeekorps, erwartete die Elbarmee, die am 26. Juni bei Hühnerwasser seine Vorhut zurückgeworfen hatte, bei Münchengrätz. Die Schlacht bei Münchengrätz fand am 28. Juni 1866 statt. Karte entnommen aus: Trinius, August, Die I. Armee in ihrem Vormarsche, in: Geschichte des Krieges gegen Östreich und des Mainfeldzugs 1866, Berlin 1886, S. 85.

Die Schlacht bei Trautenau überschrieb Theodor Fontane mit „Das Treffen bei Trautenau“. Ein Zeitzeuge war er offensichtlich nur indirekt.

Vorher aber ein Blick auf den Vorabend der Schlacht.

Trautenau hatte bisher in den Stunden des 26. Juni 1866 verschiedene Truppendurchzüge gesehen, und zwar den des Regimentes Parma-Infanterie, einer Batterie und einer Abteilung Uhlanen. Die Windischgraetz-Dragoner schienen den besonderen Auftrag zu haben, dem Feind die Einnahme von Trautenau streitig zu machen; denn während eine Schwadron dieses stattlichen Regimentes auf dem viereckigen und auf allen Seiten von Lauben umgebenen Ringplatz aufgestellt war, als sollte jeden Augenblick der Kampf beginnen, hatten drei Schwadronen in der Nähe von Trautenau eine günstige Position eingenommen, die wohl geeignet war, den Preußen das Vordringen zu verleiden oder ihnen mindestens einen sehr unfreundlichen Empfang zu bereiten.

[8] Zur Vorbereitung seines Buches über den Deutschen Krieg von 1866 unternahm Fontane am 12. August 1866 eine Reise nach Böhmen, um die Kriegsschauplätze zu besichtigen. Er berichtete darüber in Reisebriefen, die vom 19. September 1866 an bis Oktober 1866 elfteilig unter der Überschrift „Reisebriefe vom Kriegsschauplatz. Böhmen 1866“ in Rudolf Ludwig Deckers „Berliner Fremden- und Anzeigeblatt“ erschienen. Sie wurden zusammenhängend 1973 von Christian Andree in einem Buch veröffentlicht. Vgl. „Theodor Fontane als Chronist der Feldzüge von 1866“, in: Frankfurter Allgemeine Zeitung vom 2. August 1980, haj., „Fontanes Reisebriefe vom Böhmischen Kriegsschauplatz 1866“, in: Neue Zürcher Zeitung vom 24. März 1974. Gitschin, sonst Jitschin (*Jičín*) geschrieben, ist eine Kleinstadt in Böhmen.

General v. Bonin.

Alle vier Schwadronen hatten, ebenso wie das Korps der Preußen unter General Adolf von Bonin (1803-1872, rechtes Foto),[9] die Absicht, in Trautenau ihr Frühstück zu verzehren, denn um sieben Uhr Morgens erhielt der Bürgermeister, Dr. Hieronymus Roth, den Befehl, die Mahlzeit für alle vier Schwadronen um neun Uhr Morgens bereitzuhalten. Und während er dazu die nötigen Vorkehrungen traf, ermahnte er überall die Bürgerschaft, sich für den Fall des Einmarsches der Preußen durchaus ruhig zu verhalten, weil sie sonst unsägliches Unheil über die Stadt verhängen würden.

Das Schicksal hatte aber bestimmt, daß die Oesterreicher ihr Frühstück in Trautenau eben so wenig in Ruhe verzehren sollten, wie die Preußen das ihrige in Goldenölse mit Muße hatten genießen können.[10]

Noch am Abend des 26. Juni überzeugte sich der Trautenauer Bürgermeister Dr. Roth mit dem Kaufmann Stephan Kopper, dem Gastwirt Anton Stark und dem Lehrer Franz Schneider davon, dass das wiederholt auftauchende Gerücht, eine größere Truppenmasse österreichischen Militärs sei von Süden her gegen Trautenau im Anzug, wirklich auf Wahrheit beruhe.[11]

Von dem, was nun folgte, gibt es nur wenige ausführliche Darstellungen. Das, was Bürgermeister Dr. Roth später veröffentlichte und was in der Prager Zeitschrift „Politik" abgedruckt wurde, wird allgemein als maßgeblich für die Ereignisse des 27. und 28. Juni 1866 angesehen. Wobei Roth nur die Situation in der Stadt beurteilen konnte, nicht aber die militärischen Operationen auf den Höhen um Trautenau.

Der Stab des Oberbefehlshabers der Nordarmee, Feldzeugmeister Ludwig von Benedek,[12] hatte bereits während des 26. Juni 1866 Informationen über das Vorrücken der Preußen über die Gebirgspässe zwischen Schlesien und Böhmen erlangt. Am gleichen Tag erhielt Feldmarschallleutnant Ludwig von Gablenz (1814-1874) in Josefstadt (*Josefov*), dem Befehlsstand des Oberbefehlshabers

---

[9] Adolf von Bonin, preußischer General, * 11. November 1803 in Heeren/Westfalen, † 16. April 1872 in Berlin, 1851 Oberst, 1854 Generalmajor, 1858 Generalleutnant und Generaladjutant des Königs, 1863 Kommandierender General des I. Armee-Korps (Deutsches Kaiserreich) und 1864 General der Infanterie, wurde nach Herstellung des Friedens 1867 als Oberkommandierender der preußischen Truppen in das Königreich Sachsen gesandt.

[10] 1866 oder Custozza und Königgrätz – Historisch-romantische Enthüllungen aus Osterreichs neuester Geschichte, 15. Aufl., 2. Bd., Pest, Wien, Leipzig 1867, S. 69.

[11] Demuth, Josef, Der politische Bezirk Trautenau: Gerichtsbezirke: Trautenau, Marschendorf, Schatzlar und Eipel, Trautenau 1901, S. 325.

[12] Ludwig von Benedek, österreichischer Feldzeugmeister, * 14. Juli 1804 in Ödenburg, Ungarn, † 27. April 1881 in Graz, 1835 Hauptmann, 1840 Major und Adjutant beim Generalkommando in Galizien, 1843 Oberstleutnant, 1846 Oberst, seine bisherigen Leistungen hatten ihm solches Vertrauen und solche Popularität erworben, dass er beim Ausbruch des Deutschen Krieges von 1866 zum Oberbefehlshaber der Nordarmee ernannt wurde, obwohl immer Erzherzog Albrecht dafür vorgesehen gewesen war. Über von Benedek lies: Regele, Oskar, Feldzeugmeister Benedek – Der Weg nach Königgrätz, Wien, München 1960.

der Nordarmee, den Befehl, am nächsten Tag bis acht Uhr Trautenau zu besetzen und die von Liebau i. Schlesien (*Lubawka*) vordringenden Preußen aufzuhalten.

Der erfahrene Offizier von Benedek (Abbildung links) war 1866 keinesfalls das erste Mal in Böhmen. Er hatte sich schon 1850 bei einem bereits damals drohenden Konflikt mit Preußen für ein Korpskommando in Böhmen zur Verfügung gestellt.[13]

Von Gablenz erteilte daraufhin seinen vier Brigaden, die im Raum Jermer (*Jaroměř*), etwa 25 Kilometer von Trautenau entfernt, lagen, den Marschbefehl. Die am nächsten gelegene Brigade Mondel konnte tatsächlich schon vor acht Uhr ihre Position um die Stadt einnehmen.[14] Die Abmarschzeiten der anderen Brigaden erfolgten allerdings viel zu spät (Oberst Georg Grivičić um 8.15 Uhr,[15] Generalmajor Adolf von Wimpffen um 10 Uhr,[16] Knebel um 10.30 Uhr und die in Velichovky stationierte Artillerie erst um 11.30 Uhr).

Und nicht mal diese Zeiten wurden eingehalten: Die Brigade Wimpffen begab sich tatsächlich erst um 12.30 Uhr auf den 25-Kilometer-Marsch. Das führte dazu, dass die Brigade Mondel ihre vorteilhaften Positionen auf den Hügeln über der Stadt gegen die überlegenen Preußen aufgeben musste und ihre spätere Wiedereinnahme Tausenden Österreichern das Leben kostete.

In der Nacht vom 26. auf den 27. Juni lagen in Trautenau nur Dragoner des berühmten Böhmischen Dragoner-Regiments „Fürst zu Windisch-Graetz" Nr. 14. Regiments-Kommandant Oberst Ludwig Fürst zu Windisch-Graetz meldete gegen 22.30 Uhr Feldmarschallleutnant von Gablenz große Truppenbewegungen in verschiedenen Richtungen und verließ darauf mit seinen Dragonern die Stadt.

Das I. preußische Korps unter seinem 63-jährigen Kommandanten Adolf von Bonin war bereits seit vier Uhr auf dem Marsch und arbeitete sich durch schwieriges Terrain im Tal der Aupa in zwei Kolonnen vorwärts. Als Treffpunkt war Parschnitz (*Poricí*) vorgesehen, das die Hälfte des Korps gegen acht Uhr erreichte und auf die zweite Hälfte etwa eine Stunde warten musste. Gegen 9.30 Uhr erschienen die ersten Infanteristen in der Stadt.

---

[13] Aumüller, Peter, „Feldzeugmeister Benedek und die Schlacht bei Königgrätz – Anatomie einer Niederlage", in: Österreichs Bundesheer, Truppendienst, Folge 276, Ausg. 3/2004.

[14] Kommandeur war Friedrich Freiherr von Mondel (* 22. Dezember 1821 auf Schloss Pichlern in Obersteiermark, † 18. Dezember 1886 in Wien), k. k. Feldzeugmeister.

[15] Georg Grivičić, k. k. Oberst, * 11. April 1827, † 1. September 1870, 28.01.1868 Generalmajor, Trageerlaubnis für die Kriegsdekoration des Leopold-Ordens (als Brigadier bei der Nord-Armee), seine 81-seitige Schrift: „Die k. k. österreichische Infanterie: Gedanken über ihre Vergangenheit und Gegenwart wie über ihre Mission in der Zukunft", Wien 1869.

[16] Adolf Freiherr von Wimpffen, * 11. Juli 1818 in Mainz, † 2. Oktober 1883 in Tarna-Mera, Ungarn, 1858 Oberst und Kommandant beim Infanterie-Regiment Benedek Nr. 28 in Rastatt, noch vor Ausbruch des Krieges gegen Italien zum Generalmajor befördert und zum 7. Armeekorps in Italien versetzt.

Bürgermeister Dr. Hieronymus Roth (1826-1897, Foto rechts), Advokat und Bürgermeister in Trautenau, Mitglied des böhmischen Landtages und des Abgeordnetenhauses des Reichsrates, empfand die ersten Begegnungen, wie folgt:

Nach 9 Uhr begegnete ich Dienstleuten, welche in Körben aus der Ober=Vorstadt das für die Windischgrätz=Dragoner bereitete Essen zurücktrügen, indem ihnen dort mitgetheilt wurde, daß die Dragoner bereits auf der Königinhofer Straße nach Hohenbruck abgezogen seien.

Um 9½ Uhr wurde gemeldet, daß die preußischen Truppen in dichten Massen von Parschnitz her und zwar je eine Colonne Infanterie neben der Straße und Artillerie sammt Munitionswagen auf der Straße nach Trautenau vorrücken.

In der Nieder=Vorstadt Trautenau bei der verbarrikadirten Aupa=Brücke mußte nothwendigerweise Halt gemacht werden, und die Preußen räumten anstandslos die Brücke; ungefähr zwei bis drei Escadronen preußischer Dragoner setzten oberhalb der Mittelvorstadt über die Aupa und unmittelbar nachfolgende Infanterie rückte um 10 Uhr Vormittags in die unbesetzte Stadt und machte an der Ecke des Ringplatzes bei der Apotheke Nr. 128 Halt, ein Dragonerofficier war bis zum Gasthofe „zum weißen Roß" vorgesprengt und fragte nach mir; ich stand nebenan in meiner Wohnung am Fenster und wurde eben abgeholt, als ich im Begriffe war hinabzugehen.

Der besagte Dragoneroffizier war ein berittener Offizier des als erstes eingetroffenen königlich preußischen 1. litauischen Dragoner-Regiments unter Oberst von Bernardi. Bürgermeister Dr. Roth sollte sich um die Verpflegung von 3000 Mann kümmern und sich zudem über Positionen der Österreicher äußern. Er erklärte nach bestem Gewissen, dass er seit der Nacht keine gesehen hätte und dass die letzte Schwadron von Windischgraetz-Dragonern vollständig die Stadt verlassen habe.[17] Er konnte nicht ahnen, dass Mondels Infanteristen und Jäger bereits seit 7.30 Uhr in den im Süden liegenden Hügeln Posten bezogen hatten.

Der französische Schriftsteller Joseph Vilbort (1829-1911) berichtet später: „Der Bürgermeister der Stadt war den Preußen entgegengegangen und hatte ihnen versichert, Trautenau wäre nicht besetzt. In der That waren es keine österreichischen Soldaten, sondern die Einwohner selber, die sie mit Flintenschüssen empfingen. Dieser Akt des Patriotismus hat sich nirgendwo anders wiederholt, und zwar, wie ich gesagt habe, durch die Schuld Oesterreichs, welches die czechische Bevölkerung nicht hatte bewaffnen wollen."[18]

---

[17] Vgl. Winterfeld, Karl, Vollständige Geschichte des Preußischen Kriegs von 1866 gegen Österreich und dessen Bundesgenossen, Berlin 1866, S. 176. Erlebnisse des Litauischen Dragonerregiments Nr. 1 (Prinz Albrecht von Preußen) im Feldzuge von 1866 in Österreich. Berlin 1869.

[18] Vilbort, Joseph, Das Werk des Herrn v. Bismarck 1863-1866 – Sadowa und der siebentägige Krieg, Berlin 1870, S. 317.

Der Bürgermeister selbst hatte sein Gespräch, das stattfand, während die preußischen Truppen über einen Zeitraum von etwa einer halben Stunde in der Stadt einmarschierten, so wahrgenommen:

Der preußische Officier fragte mich um den besten Gasthof, bestellte auf 2 Uhr Nachmittags ein Diner von 18 Gedecken für hohe Officiere, dann Officiersquartiere und Stallungen und fragte mich endlich, ob österreichisches Militär in der Stadt ist. Auf diese letztere Frage gab ich wörtlich zur Antwort: „Außer den Dragonern, mit denen Sie heute kämpften und die sich vor ungefähr einer Stunde zurückzogen, ist kein österreichisches Militär in Trautenau."

Der Officier bemerkte hierauf: „Das ganze weiße Roß," welches ich als den besten Gasthof bezeichnet hatte, „nehme ich in Anspruch, es wird hier Se. Excellenz wohnen und wegen der fernern Quartiere und Stallungen werden wir später mitsammen reden."

Die preußischen Truppen rückten unaufgehalten, und während ich noch sprach, über den Ringplatz ein, und ich hatte mich kaum umgewendet, so wurde ich wieder zu einem preuß. Obrist gerufen, und dieser requirirte von mir Fleisch, Brod, Speck, Bier, Wein, Branntwein, Käse u. dgl. für 3000 Mann oder noch mehr, so viel ich aufbringen könne, und mindestens 20 mit Pferden bespannte Wagen, um die Lebensmittel ins Lager zu führen; er zeigte hiebei vor sich hin über die Obervorstadt Trautenau hinaus. Innerhalb einer halben Stunde sollte Alles beigestellt sein. Ich setzte mich sogleich in volle Thätigkeit, um die Requisition zu ermöglichen.

Ein preußisches Regiment nach dem andern, auch eine Musikcapelle, den Radetzkymarsch spielend, erschien ungestört auf dem Trautenauer Ringplatze, einzelne Bataillone stellten in den Lauben ihre Gewehre in Pyramiden, und suchten Erfrischungen, die ihnen auch in den Gast= und Privathäusern auf das Bereitwilligste geboten wurden. Andere Bataillone, auch die Musikcapelle, dann Kanonen passirten Trautenau in der Richtung nach der Ober=Vorstadt. Hier muß ich bemerken, daß gleichzeitig auch preuß, Truppen auf der Straße von Schatzlar über Altstadt nach Trautenau einrückten.

Ueber eine halbe Stunde mochte der Einmarsch gedauert haben; die ganze Stadt war von preußischem Militär besetzt und ruhig, einzelne Menschengruppen sahen friedlich dem militärischen Schauspiele zu, die Gasthäuser waren von preußischem Militär überfüllt, Bier und Wein floß in Strömen — da hörte man in westlicher Richtung von der Obervorstadt her Gewehrschüsse, die bald in ein ununterbrochenes Gewehrfeuer übergingen; die Stadt, welche von ungefähr 2 bis 3000 Mann preuß. Truppen aller Waffengattungen besetzt war (auch drei Kanonen standen eine Zeit lang gegen die Mittelvorstadt zu gerichtet auf dem Ringplatze), blieb vollkommen ruhig.

Die durch den beschwerlichen Marsch ermüdeten Preußen stellten auf dem Marktplatz ihre Gewehre in Pyramiden und bevölkerten die umliegenden Gasthäuser.

Abb. 16: Einquartierung 1866 in Böhmen: ein Unteroffizier im Dialog mit Geistlichen. Chromolithographie aus: Prinz Biron von Curland und Alfred Hindorf (Hrsg.). Erinnerungs-Blätter aus dem Feldzuge in Böhmen und Mähren im Sommer 1866, Gera 1878.

In dieser kurzen Zeit wurden Gräueltaten gegen die Zivilbevölkerung verzeichnet. Anton Jahnel berichtet über die Ereignisse des 27. Juni 1866:[19]

Wahrhaft entsetzlich sind folgende Vorfälle: Gegen 5 Uhr Nachmittags wollten sich mehre Bürger, die in ihren Wohnungen von Kugeln getroffen zu werden befürchteten, darunter der Schuhmacher Springer mit zwei kleinen Kindern, der Tischler Hellige, der Bäcker Brath u. s, w, über die Felder nach Weigelsdorf flüchten. Kaum waren sie hinter den Schlosserwiesen in einem Hohlwege angelangt, wurden sie von einer Abtheilung Preußen zurückgejagt. Nicht genug daran, schoßen die Letzteren auch nach ihnen, Schuhmacher Springer wurde in die Brust getroffen und stürzte mit dem Rufe: Jesus Maria! augenblicklich todt nieder. Die Uebrigen flüchteten sich in die Obermühle und schickten von da aus den Müllerlehrling zu dem Erschossenen, um dessen Uhr, das Geld und die beiden Kinder zu holen. Das Geld war bereits entwendet, die Kinder aber, von denen das eine 1¾ und das andere noch nicht ganz 3 Jahre alt war, saßen bei dem Vater, von dem sie glaubten, er schlafe. — Dasselbe Unglück widerfuhr vor dem Oberthore dem Bauer Menzel aus Döberle, der nebst einem Schusse in die Stirn einen Bajonnettstich durch die Brust erhalten hatten — Um dieselbe Zeit 7 Uhr Abends, also schon beim Rückzuge der Preußen aus der Stadt, stand in der Niedervorstadt am Mühlgraben ein junger Mann und sah ganz harmlos 3 vorüberziehenden Preußen zu; einer durchbohrte den Unschuldigen mit dem Bajonnette und warf ihn darauf in's Wasser, während ihm die beiden andern nachschossen. — Der Wahn der Preußen, es müsse aus den Häusern geschossen worden sein, veranlaßte sie, wie schon erwähnt, auch das Gotteshaus zu untersuchen. Es wurde demnach die Kirchenthüre erbrochen, und als man in den untern Räumen

[19] Jahnel, Anton, Chronik der Preußischen Invasion des nördlichen Böhmens im Jahre 1866, Reichenberg 1867, S. 385.

nichts verdächtiges fand, das Chor bestiegen, daselbst wurden ebenfalls die Thüren ausgesprengt, die Orgel beschädigt und die Baßgeige in die Kirche heruntergeworfen.

Erst um 10 Uhr, also 2 Stunden nach der 2. langte die 1. Division nördlich von Parschnitz an. Die Avantgarde ging weiter auf Trautenau, rückte mit klingendem Spiel ein und schickte sich an, Lebensmittel aufzutreiben, als völlig überraschend ein lebhaftes Infanteriefeuer von den südlichen Höhen gegen die auf der Chaussee befindlichen Kolonnen eröffnet wurde.[20]

Abb. 17 (links): Preußischer Helm mit dem Adler für Linien-Grenadierregimenter und frühgegründete Regimenter. Abb. 18 (rechts): Helm der Garde-Infanterie, Modell 1863, Preußen.

Das Gefecht

General von Bonin wollte nach kurzer Rast den Marsch über Pilinkau (*Pilníkov*) Richtung Königinhof und Jitschin (*Jičín*) fortsetzen. Drei Eskadronen preußischer Dragoner wurden zur Erkundung ausgeschickt. Kurz hinter Trautenau stießen sie unverhofft auf vier Eskadronen[21] des Böhmischen Dragoner-Regiments „Fürst zu Windisch-Graetz" Nr. 14. Die Preußen flüchteten nach Verlust von 23 Mann zurück in die Stadt, deren freie Plätze zum gleichen Zeitpunkt von den umliegenden Hügeln unter Feuer genommen wurden. Die Bataillonskommandeure sammelten ihre Mannschaften, und es begann ein verlustreicher Kampf um die Hügel hinter der Stadt. Den Mittelpunkt bildete ein steiler Hang, gekrönt durch die Kapelle von St. Johann, von einer Seite durch den Galgenberg, von der anderen durch den Katzberg flankiert. Wegen der dichten Ve-

[20] Lettow-Vorbeck, Oscar von, Kriegsgeschichtliche Beispiele – Im Anschluß an den an den königlichen Kriegsschulen eingeführten Leitfaden der Taktik, Berlin 1899, S. 33.

[21] Eskadron = kleinste taktische Einheit der Kavallerie.

getation war das Bilden einer zusammenhängenden Linie nicht möglich, und so kämpfte Mann gegen Mann. Die österreichischen Jäger, gut versteckt hinter Büschen, hatten eine hervorragende Verteidigungsposition. Sieben preußische Bataillone bemühten sich mehrmals vergeblich, die Hügel zu stürmen. Es wurden deshalb weitere acht Bataillone unter General Gustav Freiherr von Buddenbrock (1810-1895, rechtes Foto) in den Kampf geschickt, die den rechten Flügel der Österreicher angreifen sollten. Insgesamt waren es nun rund 15000 Preußen, die die steilen Hänge hoch stürmten. Gegen 11 Uhr waren die Österreicher um die Kapelle von zwei Seiten bedrängt, und der Kampf strebte seinem dramatischen Ende zu.

General v. Buddenbrock.

Zu dieser Zeit erreichte Feldmarschallleutnant von Gablenz das Schlachtfeld, der die Sinnlosigkeit einer weiteren Verteidigung erkannte und den Befehl zum Rückzug gegen Altrognitz (*Starý Rokytník*) und Neurognitz (*Nový Rokytník*) gab. Die weiteren Brigaden des X. Korps waren erst kurz zuvor von ihren Ausgangspositionen aufgebrochen und ihr Erscheinen auf dem Schlachtfeld erst nach einigen Stunden zu erwarten.

Abb. 20: Gemälde mit verkehrter Legende: „Sieg der Preußen bei Trautenau, den 26. Juni 1866."

„Die Grenzboten" berichten:[22]

Das erste Armeecorps, General v. Bonin, fand bei Trautenau den General Gablenz mit dem zehnten Corps, der mit seiner Avantgarde, einer Brigade, bei Trautenau ankam, als General v. Bonin mit seinen Spitzen von der andern Seite

[22] Die Grenzboten – Zeitschrift für Politik und Literatur, 25. Jahrg., II. Semester, IV. Bd., Leipzig 1866, S. 296.

eintraf. Die preußische Infanterie drang rasch in die Stadt ein, warf die dort befindlichen schwachen Infanterieabtheilungen in einem Straßen= und Häusergefecht mit obligaten Scenen aus dem Ort und ließ die Cavalerie der Avantgarde durchgehen. Diese stieß aber bald auf überlegene Kräfte aller Waffen und wurde noch rechtzeitig von der eigenen nachfolgenden Infanterie aufgenommen.

Die arg dezimierte Brigade Mondel begann also gegen Mittag, ihre neuen Positionen um Rognitz zu besetzen.

Abb. 21: Aus den Gefechten bei Trautenau: Angriff der Windischgrätz-Dragoner auf das I. preußische Dragonerregiment bei St. Johann. Nach der Skizze eines österreichischen Offiziers gezeichnet von A. Beck. Abdruck mit freundlicher Genehmigung von Exsomnis

General von Bonin war zu diesem Zeitpunkt der Ansicht, dass er es mit einer kleineren Abteilung der Österreicher zu tun hatte, und dankte dem gegen Mittag Trautenau passierenden Befehlshaber der 1. preußischen Gardedivision, General Wilhelm Hiller von Gärtringen (1809-1866),[23] für sein Hilfsangebot. So zogen die Gardisten weiter, was von Bonin später bereuen musste. Er traf seine Dispositionen für den weiteren Marsch Richtung Jitschin. Die neu vor Trautenau auftauchenden österreichischen Einheiten bemerkte man vorerst nicht.

[23] Wilhelm Freiherr Hiller von Gärtringen, preußischer General, * 28. August 1809 in Pasewalk, † 3. Juli 1866, 1846 Flügeladjutant des Königs, 1856 Kommandeur des 1. Garderegiments, 1859 Generalmajor, befehligte im Krieg von 1866 die 1. Gardedivision, siegte 28. Juni bei Burkersdorf und entschied durch die Eroberung von Chlum und Rosberitz am 3. Juli den Sieg von Königgrätz, fiel aber beim Vorstoß der Österreicher, von einer Granate getroffen. (Meyers Großes Konversations-Lexikon, Leipzig 1905, S. 182.)

Unter den größten Schwierigkeiten hatten diese Truppen nun den Weg zurückgelegt. Die 45er hatten die Nacht vorher auf Vorposten gestanden, die 44er waren am Abend vorher erst um 10 Uhr von einer Rekognoszierung zurückgekehrt, die Nacht hatten alle nur wenig geschlafen, denn schon um 3 Uhr war man auf den Rendezvousplätzen angetreten. Von 4 bis 8 Uhr war marschiert worden, und hatte man dann auch 2½ Stunde ruhen können, so waren die Kräfte bald wieder verbraucht, als es galt, mit Gepäck auf steilen und schmalen Fußsteigen bergauf, bergab zu klettern. Gegen ½1 Uhr waren die an der Spitze marschierenden 45er in der Schlucht angekommen, die später die Buddenbrockschlucht genannt worden ist [2]), dort durfte etwas ausgeruht werden, auch wurde das Gepäck abgelegt.

Gegen 1 Uhr wurde weiter marschiert, der Kanonendonner der Brigadebatterie Mondel und das Kleingewehrfeuer mußte die Richtung angeben.

An der Spitze waren die Füsiliere des 45., hierauf folgten die des 5. Regiments, dann die Musketiere des 45., von denen jedoch die 1. und 8. Compagnie, welche die Deckung der linken

Abb. 22: Das Vorgehen war für alle Soldaten ausgesprochen strapaziös. Auszug aus: Schmitt, Richard, Die Gefechte bei Trautenau am 27. und 28. Juni 1866 nebst einem Anhang über moderne Sagenbildung, 1892, S. 38.

Abb. 23: Die Schlacht bei Trautenau (*Bitva u Trutnova*) von Hugo Schüllinger (1856-1919), 1896.

Abb. 24: Helme aus der Ausstellung im Museum Trutnov.

Abb. 25: Helme der österreichischen Kürassier- und Dragonerschule für Mannschaften (links) und für Offiziere (rechts), 1850.

Abb. 26: Das Gefecht fand in brütender Hitze statt.

Abb. 27: „Gefecht bei Trautenau. Major Lipossak an der Spitze eines Bataillons des 24. Infanterieregimentes, den Kapellenberg herabstürmend, findet den Heldentod. 27. Juni 1866.“

Gegen 12 Uhr war es eine Batterie, eine Stunde später weitere 16 Kanonen, und gegen 14 Uhr näherte sich die ganze Brigade Grivičić, die vor Rognitz ihre Tornister abgelegt hatte und die restliche Entfernung im Sturmschritt zurücklegte.

Zur Mittagszeit lag nach den Zeitzeugenberichten eine brütende Hitze über dem Schlachtfeld.

Abb. 28: Carl-Infanterie beim Sturm auf den Kapellenberg bei Trautenau am 27. Juni 1866.

Abb. 29: Im Gefecht.

Gegen 15 Uhr, als die 1. preußische Garde bereits weit hinter Trautenau marschierte, begann die österreichische Artillerie zu schießen. Die Brigade Grivičić trat gegen die nun von den Preußen besetzten Hügel an, wurde aber durch das gnadenlose Feuer der Zündnadelgewehre zurückgeworfen.

Das Zündnadelgewehr ist eine von Johann Nikolaus von Dreyse 1827 in Sömmerda entwickelte Schusswaffe mit Schwarzpulverpapierpatronen (Zündnadelpatronen), die das Zündmittel enthalten.[24] Das Zündnadelgewehr konnte im Vergleich zu den bis dahin gebräuchlichen Vorderladern nicht nur wesentlich schneller, sondern auch im Liegen, also in Deckung, nachgeladen werden. Der damalige Seconde-Lieutenant des 3. Garderegiments zu Fuß Paul von Hindenburg (1847-1934) bezeichnete in seinem Augenzeugenbericht die Wirkung der Zündnadelgewehre als „fürchterlich".[25]

Abb. 30: Adolf Zrdazila (1868-1942): Der Sturm der Österreicher auf den Kapellenberg in dem Gefecht bei Trautenau am 27. Juni 1866, 1890.

Nach den ersten Gefechten schrieb Fürst Wilhelm zu Wied (1845-1907) der Mutter am 30. Juni 1866: „Unser Zündnadelgewehr bewährt sich fürchterlich."[26]

Der zweite Versuch galt dem Umgehen des linken preußischen Flügels. Nun fingen die Preußen an zu wanken. Gegen 16 Uhr erreichte die Brigade Wimpffen das Schlachtfeld und unterstützte sofort die im Kampf stehenden Infanteristen und Jäger.

Das Gefecht war zu dem Zeitpunkt bereits in vollem Gange. Von Wimpffen erhielt den Befehl, im Zentrum gegen die auf dem Hügel vor Trautenau verschanzten feindlichen Truppen vorzugehen. An der Spitze seiner Truppen kämpfte sich der General gegen einen 60 Grad steilen Hang hinauf, wurde aber durch ein mörderisches Feuer zum Stehen gebracht. Dreimal versuchte die Brigade, den Hügel St. Johann zu nehmen, dreimal wurde ihr Angriff blutig durch

---

[24] Für die Erfindung der Zündnadel wurde Dreyse 1864 geadelt. Er verstarb 1867, im Jahr nach Königgrätz. Sein Sohn Franz konstruierte den ersten Schlagbolzen.

[25] Hindenburg, Paul von, Aus meinem Leben, Leipzig 1934, S. 30 (von Hindenburgs Augenzeugenbericht von der Schlacht bei Königgrätz am 3. Juli 1866, er war damals 19 Jahre alt): „(...) So fürchterlich unser Zündnadelgewehr auch wirkt, über die stürzenden ersten Reihen kommen immer wieder neue auf uns zu. So entsteht in den Dorfgassen zwischen den brennenden, strohbedeckten Häusern ein mörderisches Handgemenge. Von Kampf in geordneten Verbänden ist keine Rede mehr. Jeder schießt und sticht um sich, soviel er kann. (...)"

[26] Dewitz, Bodo von; Horbert, Wolfgang (Hrsg.), Schatzhäuser der Photographie – Die Sammlung des Fürsten zu Wied, Köln 1998, S. 113.

die Schnellfeuergewehre der Preußen zusammengeschossen. Von Wimpffens Brigade, die sich aus galizischen Polen und Italienern aus der Gegend von Padua zusammensetzte, verblutete, doch auch die Preußen erlitten schwerste Verluste. Schließlich brach von Wimpffens italienisches Regiment in den Ort ein und vertrieb die Preußen in einem mörderischen Häuserkampf.[27]

Abb. 31: Trautenau: Straßenschlacht 1866. Original-Lithographie, monogrammiert mit „K", Verlag der lithographischen Anstalt von W. Loeillot in Berlin.

Abb. 32: Das k. k. Feldjägerbataillon Nr. 16 greift den Hügel bei Kacíř an, 27. Juni 1866. Der Bataillonskommandant Eduard Heidl fällt im Gefecht. Lithographie nach dem Ölgemälde von F. Neumann, 1913.

[27] www.wimpffen.hu.

Die anfangs organisierte Umgruppierung der Preußen verwandelte sich allmählich in einen totalen Rückzug auf der ganzen Front. Feldmarschallleutnant von Gablenz hatte gegen 17 Uhr zwei Verteidigungslinien der Preußen überrannt und setzte zum Sturm auf die Höhen an. In diesem Moment erschien die noch frische Brigade Knebel. Grivičić bemühte sich um ein Umgehen der Flügel, von Wimpffen stürmte in der Mitte. Er trieb seine Männer die 55 bis 60 Grad steilen Hänge hinauf, sie wurden dreimal zurückgeworfen. General von Bonin erkannte seinen Fehler und ersuchte durch einen Kurier, die 1. Gardedivision zu Hilfe zu holen. Es war zu spät. Die bis jetzt erfolglose Brigade Wimpffen wurde durch die frischen Infanteristen Knebels abgelöst, auch Grivičićs Männer traten nochmals an. Feldmarschallleutnant von Gablenz stellte sich selbst an die Spitze des 23. Infanterieregiments. Und so stolperten die Österreicher über rund 2000 ihrer toten Kameraden zur auf dem Gipfel stehenden Kapelle St. Johann. Dort fielen 800 Mann und 18 Offiziere der Preußen. Gegen 18.30 Uhr fiel der Katzauer Berg in die Hände Grivičićs, gegen 19 Uhr war auch der 509 Meter hohe Galgenberg in den Händen der Österreicher. Er wurde später in „Gablenzer-Höhe“ umbenannt.

Abb. 33: Postkartenansicht der Kapelle St. Johann vom Jahr 1900. Die Kapelle, 1712 erbaut und 1782 entweiht, diente 1866 als Unterschlupf für die Verwundeten. Nach 1945 wurde die Kapelle mehrfach bestohlen. 2002 wurde die Kapelle renoviert. Seitdem ist dort wieder, wie bereits vor 1945, ein Armeemuseum mit Fundstücken vom Schlachtfeld eingerichtet.

Die Preußen, die den Österreichern an Stärke überlegen waren, befanden sich im vollen Rückzug. Unter Verwünschungen und Drohungen, Trautenau dem Erdboden gleich zu machen, verließen sie eiligst Trautenau, und es wurde der Kampf außerhalb der Stadt nur noch zur Deckung des Rückzuges fortgesetzt.

Am Abend zog Baron von Gablenz mit seinen Truppen unter allgemeinem Hurrah-Rufen in Trautenau ein, voran die Windischgraetz-Dragoner.[28]

Abb. 34: Österreichische Feldflasche für Feldjäger und Kavallerie (hinten), österreichische Patronentasche, Modell 1854 (vorne rechts).

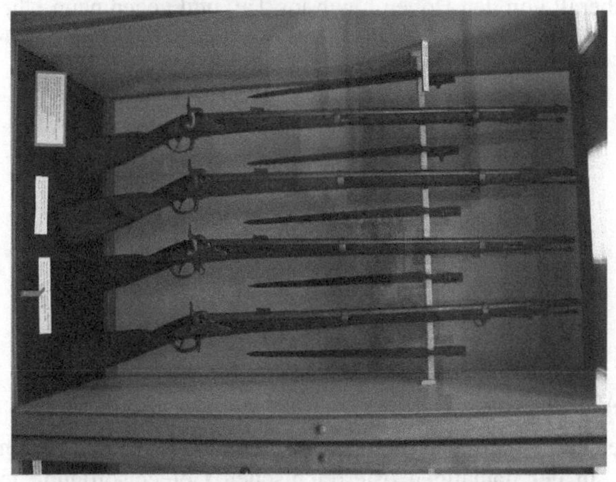

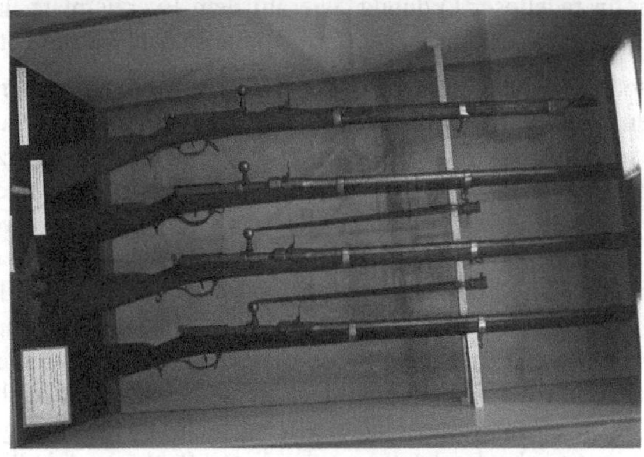

Abb. 35 und 36: In der Schlacht benutzte Gewehre.

[28] Tag- und Anzeigblatt für die Städte Dillingen, Lauingen, Höchstädt und Gundelfingen, 2. November 1866.

Die Preußen hatten von Wimpffens Truppen jedes Mal bis auf 300 Meter herankommen lassen und eröffneten dann konzentriert aus ihren Schnellfeuergewehren das Feuer – zwei preußische Bataillone haben in einer Minute 15000 Schuss abgefeuert. Von Wimpffens Brigade verlor in einer halben Stunde 1300 Mann.

Die Intensität der Kämpfe kann man auch aus der Anzahl der verbrauchten Patronen erahnen. So verschoss allein das Bataillon, das die Kapelle verteidigte, 33000 Patronen. Dieses Bataillon hatte acht Offiziere und 238 Soldaten, ein Viertel der Mannschaft, verloren, der stärkste Verlust, den eine preußische Abteilung in diesem Krieg erlitt; er war nahezu ebenso groß wie die der zerschmetterten österreichischen Bataillone.

Die Preußen zogen sich anschließend ostwärts gegen Schlesien. Triumphierend eilten die Österreicher nach; die Brigade Grivičić drängte nach dem Umgehen den Feind überall von den Höhen hinab ins Tal, und gegen neun Uhr stiegen die Sieger auch hinunter und zur Stadt hinab, welche bereits von den Preußen geräumt war.[29]

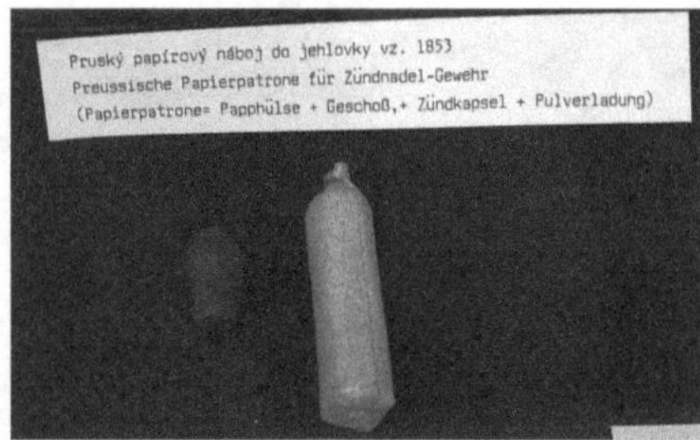

Abb. 37: Preußische Papierpatrone für das Zündnadelgewehr, 1853.

Die Österreicher waren den preußischen Dreyse-Zündnadelgewehren hilflos ausgeliefert. In der damaligen österreichischen Gefechtsordnung marschierten die Bataillone in tadelloser Ordnung, wie auf dem Exerzierplatz, langsam den Hang hinauf, wobei sie ein gutes Ziel für die preußischen Waffen boten.

Der Schriftsteller Theodor Fontane (1819-1898) war als Kriegsberichterstatter sechs Wochen später vor Ort. Er resümierte: „(...) Auch diese Brigade (Wimpffen) hat sich in zwei Angriffslinien formirt. Zwei Bataillone Erzherzog Stephan links, zwei Bataillone Bamberg-Infanterie rechts neben der Chaussee, so dirigirte sich das erste Treffen gegen die Kapelle von St. Johann. Das zweite Treffen schloß dicht auf. Ein gegnerischer Bericht sagt: ‚Unser Auge folgte erwartungsvoll. Die Brigade erstieg die ziemlich steil abfallenden Höhen und überschritt mehrere mit der Front parallel laufende Hohlwege, ohne den Zusammenhang zu verlieren. Unter klingendem Spiel blieben die Bataillone im Avancieren, bis auf nächste Distance vor der Kapelle und dem sie umgebenden Wäldchen der Angriff stockte. Von einem verheerenden Kleingewehrfeuer empfangen, war die Brigade nicht im Stande, den letzten vertheidigten Punkt der feindlichen Positi-

[29] Friedjung, wie oben, S. 73.

on zu nehmen. Trotz opfervoller Anstrengungen, sie mußte zurück und wurde bei Hohenbruck gesammelt.'“[30]

— Aus Liebau, 29. Juni, erhält die Bresl. Ztg. über die Schlacht bei Trautenau folgenden Bericht: Nachdem ein Theil des 1 Armee-Corps in Liebau gerastet, ein anderer Theil bereits 1 Meile weit die österreichisch-böhmische Grenze von hier aus überschritten und über Nacht bivouakirt hatte, rückten diese Regimenter und Batterien frohen Muthes durch die Pässe gen Trautenau, ohne auf Widerstand zu stoßen. Nahe der Stadt wurde Halt commandirt und eine Militair-Einquartierungs-Ordonnanz in die Stadt geschickt. Letztere fand nichts Verdächtiges und gelangte so bis zum Bürgermeister von Trautenau. Nachdem die Einquartierungsangelegenheit beendet, wird der Bürgermeister gefragt: „Ob in der Stadt oder Umgegend feindliches Militair sei?“ Dr. Roth, so heißt der Bürgermeister, antwortete und betheuerte: „Daß unsere Leute nicht das Mindeste zu befürchten hätten.“ — In Folge dessen rücken unsere Truppen ein. Voran 2 Schwadronen Dragoner vom 1. Regiment, welche im Trabe die Stadt durchreiten. Kaum sind die Dragoner hinter die Stadt, und kaum hat die Infanterie den Ring erreicht, fängt ein furchtbares Schießen an. Von den platten Dächern herab, aus Fenstern, Kellerlöchern u. s. w. fliegen die Kugeln in die Reihen unserer verrathenen Soldaten. Die Antwort, welche unsere Leute hierauf ertheilten, kann jeder leicht errathen. Es wurden in den Häusern, auf den Straßen u. s. w. viele, viele getödtet, Militair sowohl, wie auch Civilpersonen, denn letztere hatten sich an dem Kampfe lebhaft betheiligt, zum Theil mit der Schußwaffe, theils durch Gießen mit siedendem Oel und Wasser. Während dieser Zeit umgehen andere preußische Infanterie-Regimenter die Stadt und stoßen an der entgegengesetzten Seite auf österreichisches Militair in Stärke von mindestens 35,000 Mann. Der größte Theil des Feindes stand gedeckt auf einem circa tausend Fuß hohen Berge, dem sogenannten Kapellenberge. Hier entspann sich ein furchtbarer Kampf. Unsere braven Ost- und Westpreußen attaquirten durch Wasser, hohe Getreidefelder den Berg hinan mit wahrhaft übermenschlicher Kraft und ächt preußischem Muthe. In den Nachmittagsstunden endlich (die Schlacht begann schon früh in der 9ten Stunde) sind unsere Leute Herren der Situation. Die Stadt ist genommen und die Feinde zurückgedrängt. Da erscheint Gablenz mit Hülfstruppen. Der Kampf beginnt auf's Neue, aber unsere Leute sind todesmatt und gegen diese Macht zu schwach. Einzelne Compagnien standen oft 2–3 österr. Regimentern gegenüber. Darum gebot hier die Klugheit den Rückzug, umsomehr, als unsere Artillerie fast nichts helfen konnte in diesem für den Feind so günstigen Terrain. Um Mitternacht gelangte die ganze Munitionscolonne in Liebau an und rückte noch etwas weiter zurück. Gegen Morgen aber kamen unsere Braven, die Reihen stark gelichtet, viele ihrer Stabsoffiziere, Hauptleute und Lieutenants beraubt. Namentlich die Dragoner, ein Bataillon vom 1. und 43. Regiment, das 1. Jägerbataillon haben stark gelitten. Doch ist der Sieg unser. Noch in der Nacht kamen unsere Garden bei Trautenau an, kämpften, wie wir es von preußischen Garden erwarten und jagten die österr. Armeecorps zurück. Trautenau, das verrätherische Trautenau ist in diesem Augenblick eine Ruine. Die Trautenauer, unsere sogenannten „deutschen Brüder“ sind geflohen, viele sind gefangen oder bei dem mörderischen Kampfe getödtet. — Gestern wurden etwa 180 gefangene österreichische Soldaten durch Liebau transportirt. Den Schluß bildeten einige Civilisten, der gefesselte Herr Bürgermeister Dr. Roth und der Hotelbesitzer Stark aus Trautenau. Liebau hat die sauberen Herren, wie sich's geziemt, empfangen. So weit reichen für uns vom Schlachtfelde die zuverlässigen Nachrichten. — In Bezug der Opfer, welche die Schlacht bei Trautenau gefordert, erhält man einen Begriff, wenn man von Augenzeugen hört, daß Tausende der österreichischen Soldaten geblieben. Aber auch von unseren so arg verrathenen Soldaten schlafen seit gestern sehr Viele in Feindesland. Liebau gleicht einem Lazareth. Alle Klassenzimmer der katholischen und evangelischen Schule, fast alle Tanzsäle und größeren Privatzimmer liegen voll von meistens schwerverwundeten preußischen und österreichischen Soldaten. Anerkennend muß constatirt werden, daß die Liebauer mit unsäglichen Opfern die Verwundeten verpflegen.

Abb. 38: Königliche Privilegirte Berlinische Zeitung vom 2. Juli 1866

„Die größten Verluste hatten die Brigaden Grivičić und Wimpffen, die, hügelan, in dichten Sturmkolonnen unter das Feuer des Zündnadelgewehrs gekommen waren. Allein das Regiment Bamberg (Padua) verlor über 500 Mann, darunter 369 Schwerverwundete.“ Aber auch die preußischen Verluste waren überdurchschnittlich hoch – jeder vierte Mann der Verteidiger blieb auf dem Schlachtfeld.

Am Abend des 27. Juni galt das Gefecht zwar als gewonnen, doch von Wimpffens Brigade hatte seine Kampfkraft eingebüßt. Das Korps von Feldmarschallleutnant von Gablenz verlor an diesem Tag 200 Offiziere und 4600 Soldaten.

Aus Freiburg in Schlesien wurde bald gemeldet:[31]

Freiburg. 28. Juni, Abends 10 Uhr. Preußische Verwundete und Verbrühte treffen aus Trautenau hier ein. Die Pflege ist sorgfältig, die Privatmildthätigkeit sehr reichlich.

Gleich lautend findet sich die Notiz in der „Augsburger Postzeitung“ vom 4. Juli 1866 und darüber hinaus:

Es laufen schaudererregende Nachrichten von dem Vandalismus der Bürger Trautenau's gegen unsere Truppen ein. Als diese die preußische Fahne auf den Thurm bringen wollten, wurde von oben herab heißes Wasser gegossen und Steine geworfen; auf dem Thurme befand sich unter Anderen der Bürgermeister von Trautenau, welcher diese Uebelthaten leitete. Eben so ist aus den Straßenhäusern kochendes Wasser und Pech auf unsere Truppen gegossen und auf dieselben geschossen worden; der Bürger-

[30] Fontane, Theodor, Der deutsche Krieg von 1866, Band 1: Der Feldzug in Böhmen und Mähren, Berlin 1870, S. 374.

[31] Königlich Privilegirte Berlinische Zeitung von Staats- und gelehrten Sachen, 1. Juli 1866.

meister und viele hervorragende Persönlichkeiten, welche sich an diesen Gräueln betheiligten, wurden gefangen genommen, gebunden und nach Preußen geschickt; der gerechten Strafe werden sie sicher nicht entgehen.

Das preußische I. Korps fiel 40 Kilometer zurück. Es verlor seine Rolle als Führungsformation und wurde am nächsten Tag durch das preußische Gardekorps ersetzt. Von Gablenz zog das X. österreichische Korps nach Soor, einem Dorf südwestlich von Trautenau, ab, um einen weiteren preußischen Versuch abzuwarten, den Durchbruch zu erzwingen.

Engagierte Einheiten bei der Schlacht bei Trautenau:

Preußen: insgesamt 32702 Mann

I. Korps der 2. Armee unter Kronprinz Friedrich Wilhelm von Preußen (1831-1888)
Korpskommandant General der Infanterie Adolf von Bonin (1803-1872)
Kommandant der 1. Division Generalleutnant Georg Friedrich von Grossmann (1807-1871)
Kommandant der 2. Division Generalleutnant Friedrich von Clausewitz (1809-1866)

Österreicher: insgesamt 26084 Mann

X. Korps unter Feldmarschallleutnant Ludwig von Gablenz (1814-1874)
Brigade Oberst Mondel
Brigade Oberst Grivičić
Brigade Generalmajor Wimpffen
Brigade Generalmajor Knebel

6. Beilage.

Verlustliste des Königlich Preußischen 1. Armeecorps im Gefecht von Trautenau am 27. Juni 1866 [1]).

Name.	Tot.		Verwundet.		Vermißt.		Summa.		Verlust an Pferden.
	Off.	M.	Off.	M.	Off.	M.	Off	M.	
Stab der 1. Infanteriedivision	—	—	—	—	—	—	—	—	1
1. Ostpreußisches Grenadierregiment Nr. 1, Kronprinz	—	24	4	53	—	4	4	81	—
5. Ostpreußisches Infanterieregiment Nr. 41	1	16	5	96	—	16	6	128	—
2. Ostpreußisches Grenadierregiment Nr. 3	3	15	2	60	—	1	5	76	1
6. Ostpreußisches Infanterieregiment Nr. 43	4	75	3	241	—	29	7	345	1
3. Ostpreußisches Grenadierregiment Nr. 4	1	14	4	62	—	7	5	83	—
7. Ostpreußisches Infanterieregiment Nr. 44	1	37	7	173	—	10	8	220	—
4. Ostpreußisches Grenadierregiment Nr. 5	—	7	6	43	—	—	6	50	1
8. Ostpreußisches Infanterieregiment Nr. 45	4	24	5	134	—	18	9	176	—
Ostpreußisches Jägerbataillon Nr. 1	1	9	1	30	—	—	2	39	1
Ostpreußisches Kürassierregiment Nr. 3	—	—	—	—	—	—	—	—	1
Litauisches Dragonerregiment Nr. 1 (Prinz Albrecht von Preußen)	—	8	4	66	—	1	4	75	64
Ostpreußisches Ulanenregiment Nr. 8	—	—	—	2	—	—	—	2	5
Ostpreußisches Feldartillerieregiment Nr. 1	—	—	—	7	—	—	—	7	10[2])
Summa	15	229	41	967	—	86	56	1282	85

Abb. 39: Verlustliste des Königlich Preußischen 1. Armeekorps im Gefecht von Trautenau am 27. Juni 1866. 6. Beilage zu: Schmitt, Richard, Die Gefechte bei Trautenau am 27. und 28. Juni 1866 nebst einem Anhang über moderne Sagenbildung, 1892.

Nachfolgende Gefechte

Nach dem eindrucksvollen Sieg über das I. preußische Korps bei Trautenau fasste der Österreicher von Gablenz den Plan, die preußische Garde zu zerschlagen. Er zog sein erschöpftes X. Korps nach Soor, dem alten Schlachtfeld Friedrich des Großen (1712-1786), zurück und bat Oberbefehlshaber der Nordarmee Ludwig von Benedek um Verstärkung.

Der Plan von Gablenz sah vor, den Vormarsch der Garde durch Artillerie- und Gewehrfeuer des X. Korps aus Norden und Osten an Staudenz (*Studenec*) vorbei zu lenken. Im richtigen Moment sollten dann Einheiten des IV. Korps unter Feldmarschallleutnant Tassilo Festetics (1813-1883) die Garde aus südlicher Richtung in der Flanke treffen. Der Sieg von Trautenau sollte sich, so lautete das Ziel, wiederholen.

Von Benedek stimmte dem Plan zunächst zu, entschied sich später jedoch anders und befahl Festetics den Rückzug. In einer für den österreichischen Oberbefehl typischen Episode machte sich niemand die Mühe, von Gablenz diesen Meinungswandel mitzuteilen, wodurch die preußische Garde einen unschätzbaren Vorteil erhielt.

Am 28. Juni 1866 drängte die 1. Preußische Gardedivision unter Führung von Generalleutnant Wilhelm Hiller von Gärtringen (1809-1866) die Verteidiger bei Staudenz zurück, indem sie diese mit ihren Zündnadelgewehren stark dezimierte. Währenddessen schnitt im Norden die 2. Garde die österreichische Brigade Grivičić vom restlichen X. Korps ab und rieb diese praktisch auf (Gefecht bei Burkersdorf), wobei Oberst Georg Grivičić gefangen genommen werden konnte.[32] Von Gablenz zog sich an diesem Abend nach Süden zurück – es war ein herausragender preußischer Sieg.

Am 28. Juni wendete sich das Blatt. Der anfängliche Jubel verblasste in Trautenau sehr bald. Anton Jahnel berichtet:[33]

Am 28. Juni wallfahrtete die Bewohnerschaft Trautenau's und der Umgebung schaarenweise nach dem Johannesberge und den übrigen Punkten des Schlachtfeldes, um theils Verwundete zu laben und in die Lazarethe zu schaffen, theils die schon Verschiedenen zu beerdigen. Tief erschütternd war der Anblick so vieler Verwundeten und Todten. An demselben Tage lagen die von gestern ganz ermüdeten Krieger früh Morgens am Ringplatze aus dem Steinpflaster, um auszuruhen. Gegen 6 Uhr Früh traf F.=M=L. Gablenz noch verschiedene Anordnungen, besuchte dann die am Ringe ausgestellten Truppen, die ihn mit stürmischen Hochrufen empfingen und ritt daraus in größter Eile zum Oberthore hinaus. Mittlerweile zog das Infanterie=Regiment Bamberg mit klingendem Spiele in die Stadt ein; dann wurden noch Gefangene mittelst Eskorte nach Josefstadt geschickt, das Militär am Ringplatze aber kochte und labte sich, so gut es eben ging. Das Bier gab die Bräukommune. Gegen 10 Uhr Vormittags hörte man plötzlich den Ruf: „Wir werden von den Preußen angegriffen!" Augenblicklich

[32] KA, AFA 1866, Karton 2296, 13–9, Vienna, December 18, 1866, Col. Grivičić.

[33] Jahnel, wie oben, S. 386.

wurde Allarm geblasen, das sämmtliche Militär war im Nu marschbereit und verließ Trautenau. Nachmittags in der 5. Stunde kam noch ein Dragonerposten aus einigen Mann bestehend in größter Eile daher gesprengt. Die letzten Oesterreicher waren eine Compagnie vom Alexander Infanterie=Regimente, die knapp vor den einrückenden Preußen zum Niederthore hereinkamen. Die Braven entkamen noch glücklich; später eintreffende einzelne Abtheilungen aber geriethen sämmtlich in Gefangenschaft. — Die Preußen, welche an diesem Tage nach Trautenau kamen, waren vom 5. und 6. Armeecorps; sie rückten über Eipel an, überfielen die zwischen Trautenau, Neurognitz und Burgersdorf lagernden österreichischen Truppen und nöthigten dieselben nach einem heftigen Kampfe, sich aus Pilnikau zurückzuziehen. Kaum hatten die Preußen Trautenau in den Nachmittagsstunden wieder besetzt, begann aufs Neue die Plünderung mit dem Vorgeben, daß die Stadt den gestrigen Rückzug verschuldet habe. Die gefangenen Oesterreicher wurden in die Fabriken des Herrn Faltis und des Herrn Haase gesteckt, an die Verpflegung derselben aber nicht gedacht. Unter Sorge und Bangen verging der Tag und die ihm folgende Nacht.

„Schon am folgenden Tage d. 28. Juni wurde das Mißgeschick der preußischen Armee wieder ausgeglichen“, schreibt der „Pilger aus Sachsen“ 1867. „Das Centrum, die Garden, waren bei dem Gefechte nicht betheiligt gewesen, weil sie etwas weiter östlich vorgegangen waren. Sie kamen jetzt dem rechten Flügel zu Hülfe, und es gelang den vereinigten Heeresabtheilungen nach heftigem Kampfe die Östreicher zu sprengen, und zum Rückzug auf Königinhof zu zwingen (dies Gefecht heißt in einigen Berichten auch die Schlacht bei Soor oder die zweite Schlacht bei Trautenau).“[34]

Gegen 21 Uhr gab General von Bonin den Befehl zum Rückzug. Die ermüdeten Infanteristen, die elf Stunden im Kampf standen und bereits vorher einen mehrstündigen beschwerlichen Anmarsch hinter sich hatten, kehrten nun in die Orte zurück, von denen sie gegen vier Uhr morgens aufgebrochen waren und die sie erst gegen vier bis fünf Uhr morgens am nächsten Tage erreichten.

Von Bonin selbst war an diesem Desaster nicht ganz unschuldig. Von den 25 Bataillonen, die ihm zur Verfügung standen, kam nicht mal die Hälfte zum Einsatz. Dafür wurde die zweite Hälfte beinahe geopfert.

Die preußischen Verluste an Gefallenen betrugen 56 Offiziere und 1282 bei den Mannschaften. Die österreichischen Verluste waren bedeutend höher (in allen Gefechten des Feldzugs war das Verhältnis jeweils 1:4 bis 1:6). An Toten, Verletzten und Gefangenen waren 191 Offiziere und 4596 Mann zu beklagen. Das Infanterieregiment Kaiser Franz Joseph, das zu guter Letzt den Hügel mit der Kapelle erstürmt hatte, verlor die Hälfte seiner Mannschaft.[35]

---

34 Der Pilger aus Sachsen, 33. Jg., Nr. 25 vom 23. Juni 1867, Leipzig 1867, S. 199 (Zeitgeschichte: Das Jahr 1866).

35 Ravik, Slavomír, Tam u Králového Hradce, Verlag REGIA, Praha/CZ 2001.

Viele der in Trautenau Gefallenen der österreichischen Armee werden 1866 in Streffleur's „Österreichischen militärischen Zeitschrift" mit Name, Verbandszugehörigkeit, dortiger Position, Sterbedatum und Gefechtsfeld erfasst.[36]

Die Tragödie dieses Treffen war, dass die vielen Soldaten auf der österreichischen Seite völlig nutzlos starben. Feldzeugmeister von Benedek änderte innerhalb einiger Stunden mehrmals seine Dispositionen und am 28. Juni um 7.30 Uhr hielt Feldmarschallleutnant von Gablenz die Order von Benedeks in der Hand, die ihm befahl, Trautenau, in dem fünftausend seiner Soldaten ihr Leben gelassen hatten, kampflos zu räumen und sich mit seinem Korps Richtung Süden zu begeben.

Nach fünf Tagen standen seine Männer bei Königgrätz, in der Schlacht, die wohl wie keine andere die weitere Entwicklung Europas im ganzen 20. Jahrhundert beeinflussen sollte.

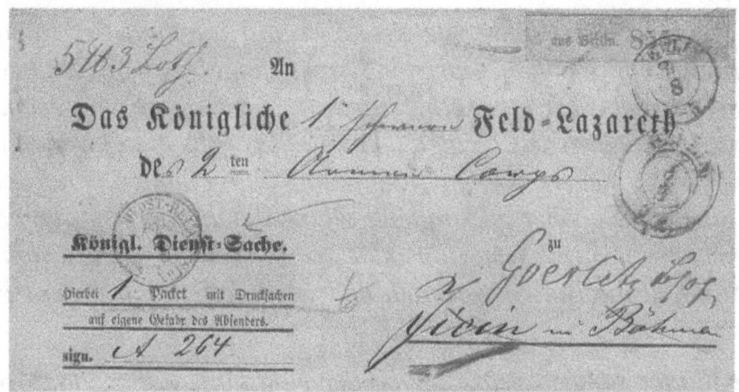

Abb. 40: „Königl. Dienst-Sache" von 1866: Paketbegleitbrief an das Königliche 1. schwere Feldlazarett des 2. Armee-Korps aus „BERLIN 8 8" über den Speditionspunkt Görlitz/Bahnhof nach Gitschin in Böhmen mit Feldpost-Ankunftsstempel „K. Pr. FELDPOST-RELAIS No. 18"

Die Extra-Beilage zu Nr. 150 der „Königlich privilegirten Berlinischen Zeitung" vom 2. Juli 1866 berichtet:

Von der Kaiserlichen Kur=Inspection zu Karlsbad (!) ist folgendes amtliche Telegramm veröffentlicht worden: „Karlsbad, 27. Juni, Abends. Glänzender Sieg Oesterreichs bei Neustadt. Preußen vollen Rückzug. Todte, Verwundete zurücklassend." Ein anderer von Karlsbad eingegangener Bericht lautet: „Große Schlacht zwischen Reichenberg und Turnau; 15,000 Preußen gefangen, Verlust beiderseits groß, Oesterreich gesiegt, Fürst Liechtenstein geblieben." Ein dritter Bericht sagt, daß eine Schlacht zwischen Nachod und Neustadt stattgefunden, und fügt hinzu: „Die Kavallerie tritt in Action. Abends 6 Uhr glänzender Sieg für Oesterreich."

Die Berichte in den uns vorliegenden Wiener Blättern melden die Kriegsereignisse nur bis zum 27. Abends. Die Affaire bei Münchengrätz endete nach einem

[36] Österreichische militärische Zeitschrift, redigiert und hrsg. von Valentin Ritter von Streffleur, Kais. Kön. General-Kriegs-Commissär, VII. Jahrg., 4. Bd., Wien 1866, S. 297-299.

Telegramm der „Presse“ mit der wilden Flucht der Preußen, die ihre Kanonen — nach dem „Tagesboten“ 23 Kanonen — zurückgelassen.

Sogar die amtliche Wiener Ztg. colportirt folgendes Privattelegramm:

Josephstadt, 27. Juni. (6 Uhr Abends). Nach allen Nachrichten haben die Kaiserlichen Truppen glänzend gesiegt. Harter Kampf. Nähere Daten fehlen noch.

Da ist es denn kein Wunder, wenn aus Prag gemeldet wird:

„Die Siegesnachricht rief im deutschen und im czechischen Theater in Prag patriotische Manifestationen hervor. Der böhmische Theater-Direktor ließ zum Freibesuch des Theaters behufs Anhörung der Siegesmittheilung auffordern.

Die Ostd. Post wiegt sich am 27. in folgenden malerischen Träumen, aus denen sie nur 24 Stunden später doch unangenehm erwachen dürfte:

„Benedek liegt stolz und ruhig wie ein Löwe im Hauptquartier zu Josephstadt, von der ganzen Kraft der concentrirten Armee umgeben, von der heute nur ein Armeecorps (das sechste) aus seiner unmittelbaren Nähe vorgesendet wurde, während das Armeecorps des Grafen Clam-Gallas (das erste) ohnehin abgesondert manövrirt, Die beiden Kämpfe, die heute stattgefunden, sind doch nur ein Präludium einer viel größeren Schlacht, die vielleicht morgen aus böhmischem und übermorgen auf schlesischem oder sächsischem Boden sich fortsetzen wird. Der Stein ist ins Rollen gerathen und wird hoffentlich unsere Feinde zerschmettern.“

Noch andre Blätter schmeicheln sich mit der Hoffnung, daß wenn es so fortgehe, die Oesterreicher durch Schlesien und die Bayern durch Sachsen ihren Weg nach Berlin finden würden!!

Und an anderer Stelle:

Aus Liebau. 29. Juni, erhält die Bresl. Ztg. über die Schlacht bei Trautenau folgenden Bericht. Nachdem ein Theil des 1 Armee=Corps in Liebau gerastet, ein anderer Theil bereits 1 Meile weit die österreichisch=böhmische Grenze von hier aus überschritten und über Nacht bivouakirt hatte, rückten diese Regimenter und Batterien frohen Muthes durch die Pässe gen Trautenau, ohne auf Widerstand zu stoßen. Nahe der Stadt wurde Halt commandirt und eine Militair=Einquartierungs=Ordonnanz in die Stadt geschickt. Letztere fand nichts Verdächtiges und gelangte so bis zum Bürgermeister von Trautenau. Nachdem die Einquartierungsangelegenheit beendet, wird der Bürgermeister gefragt: „Ob in der Stadt oder Umgegend feindliches Militair sei?“ Dr. Roth, so heißt der Bürgermeister, antwortete und betheuert: „Daß unsere Leute nicht das Mindeste zu befürchten hätten.“ — In Folge dessen rücken unsere Truppen ein. Voran 2 Schwadronen Dragoner vom 1. Regiment, welche im Trabe die Stadt durchreiten. Kaum sind die Dragoner hinter die Stadt, und kaum hat die Infanterie den Ring erreicht, fängt ein furchtbares Schießen an. Von den platten Dächern herab, aus Fenstern, Kellerlöchern u. s. w. fliegen die Kugeln in die Reihen unserer verrathenen Soldaten. Die Antwort, welche unsere Leute hierauf ertheilten, kann jeder leicht errathen. Es wurden in den Häusern, auf den Stra-

ßen u. s. w. viele, viele getödtet, Militair sowohl, wie auch Civilpersonen, denn letztere hatten sich an dem Kampfe lebhaft betheiligt, zum Theil mit der Schußwaffe, theils durch Gießen mit siedendem Oel und Wasser. Während dieser Zeit umgehen andere preußische Infanterie=Regimenter die Stadt und stoßen an der entgegengesetzten Seite auf österreichisches Militair in Stärke von mindestens 35,000 Mann. Der größte Theil des Feindes stand gedeckt auf einem circa tausend Fuß hohen Berge, dem sogenannten Kapellenberge. Hier entspann sich ein furchtbarer Kampf. Unsere braven Ost= und Westpreußen attaquirten durch Wasser, hohe Getreidefelder den Berg hinan mit wahrhaft übermenschlicher Kraft und ächt preußischem Muthe. In den Nachmittagsstunden endlich (die Schlacht begann schon früh in der 9ten Stunde) sind unsere Leute Herren der Situation. Die Stadt ist genommen und die Feinde zurückgedrängt. Da erscheint Gablenz mit Hülfstruppen. Der Kampf beginnt auf's Neue, aber unsere Leute sind todesmatt und gegen diese Macht zu schwach. Einzelne Compagnien standen oft 2—3 österr. Regimentern gegenüber. Darum gebot hier die Klugheit den Rückzug, umsomehr, als unsere Artillerie fast nichts helfen konnte in diesem für den Feind so günstigen Terrain. Um Mitternacht gelangte die ganze Munitionscolonne in Liebau an und rückte noch etwas weiter zurück. Gegen Morgen aber kamen unsere Braven, die Reihen stark gelichtet, viele ihrer Stabsoffiziere, Hauptleute und Lieutenants beraubt. Namentlich die Dragoner, ein Bataillon vom 1. und 43. Regiment, das 1. Jägerbataillon haben stark gelitten. Doch ist der Sieg unser. Noch in der Nacht kamen unsere Garden bei Trautenau an, kämpften, wie wir es von preußischen Garden erwarten und jagten die österr. Armeecorps zurück. Trautenau, das verrätherische Trautenau ist in diesem Augenblick eine Ruine. Die Trautenauer, unsere sogenannten „deutschen Brüder" sind geflohen, viele sind gefangen oder bei dem mörderischen Kampfe getödtet. — Gestern wurden etwa 130 gefangene österreichische Soldaten durch Liebau transportirt. Den Schluß bildeten einige Civilisten, der geknebelte Herr Bürgermeister Dr. Roth und der Hotelbesitzer Stark aus Trautenau. Liebau hat die sauberen Herren, wie sich's geziemt, empfangen. So weit reichen für uns vom Schlachtfelde die zuverlässigen Nachrichten. — In Bezug der Opfer, welche die Schlacht bei Trautenau gefordert, erhält man einen Begriff, wenn man von Augenzeugen hört, daß Taufende der österreichischen Soldaten geblieben. Aber auch von unseren so arg verrathenen Soldaten schlafen seit gestern sehr Viele in Feindesland. Liebau gleicht einem Lazareth. Alle Klassenzimmer der katholischen und evangelischen Schule, fast alle Tanzsäle und größeren Privatzimmer liegen voll von meistens schwerverwundeten preußischen und österreichischen Soldaten. Anerkennend muß constatirt werden, daß die Liebauer mit unsäglichen Opfern die Verwundeten verpflegen.

Ehrliche aber nicht nachvollziehbare Angaben von Bürgermeister Dr. Hieronymus Roth gegenüber einem preußischen Offizier über Positionen der Österreicher kosteten ihm und einigen Räten der Stadt 80 Tage Internierung in Preußen.[37] Roth leugnete, dass von Zivilpersonen auf die preußischen Soldaten ge-

[37] Roth, Hieronymus von, Achtzig Tage in preußischer Gefangenschaft und die Schlacht bei Trautenau am 27. Juni 1866, Prag, Carl Bellmann's Verlag 1867.

feuert worden sei, wohl aber hätten letztere ohne ersichtlichen Grund in die Häuser und aus den Häusern geschossen.

Abb. 41: „Eine in preus. Schlesien viel verbreitete Darstellung des Straßenkampfes in Trautenau am 27. Juni 1866." Am rechten Bildrand, mit Hut: Bürgermeister Dr. Hieronymus Roth. Geschenk des k. k. Zollamtsassistenten Herrn Alois Hemmerling in Liebau. 1893.

Für Trautenau brachte auch der 28. Juni 1866 Kummer und Leid. Die Preußen waren wieder Herr der Lage und kehrten in die Stadt zurück.

Dass die Schlacht bei Trautenau vom 27. und 28. Juni 1866 datiere, wie Richard Schmitt 1892 in seinem Buch ankündigt, ist nicht richtig. Zu Recht zitiert Schmitt allerdings auf S. 117 den Befehl des Chefs der Operationskanzlei, Generalmajor Gideon Krizmanić (1817-1876), an das 4. Korps: „Hauptquartier Josefstadt, den 28. Juni um 2 Uhr morgens. Das X. Armeecorps hatte gestern ein siegreiches Gefecht mit dem Feinde bei Trautenau." / „Nachmittags 4 Uhr soll derselbe eine Brigade nach Eipel entsendet haben; hierdurch wäre der Rücken des X. Armeecorps bedroht."

Die „Geschichte der preußischen Invasion und Okkupation in Böhmen im Jahre 1866", eine gesammelte Beilage der Prager Zeitschrift „Politik" aus dem Jahr 1867, geht ausführlich auf die Geschehnisse jenes Tages ein und nennt die vielen Einzelschicksale aus Trautenau. Von einer „barbarischen Vernichtungswut" ist dort die Rede:[38]

Am 28. Juni erneuerte sich der Kampf etwa um 10 Uhr Morgens. Die zwischen Trautenau, Neu=Rognitz und Burkersdorf lagernden österreichischen Truppen wurden von den über Eipel anrückenden Abtheilungen des 5. und 6. preuß. Armee=korps, dann jenen des Gardekorps überfallen. Nachdem der Kampf insbesondere bei Neu=Rognitz und Staudenc heftig gewüthet hatte, der letztere Ort größtentheils eingeäschert war und im ersteren Dorfe mehrere Häuser abbrannten, wichen die Oesterreicher und zogen sich auf Pilnikau zurück.

---

[38] o. Verf., Geschichte der preußischen Invasion und Okkupation in Böhmen im Jahre 1866, Gesammelte Beilage der Zeitschrift „Politik", Prag 1867, S. 40 ff.

Schon gegen Mittag besetzten die Preußen Trautenau. Nachmittags rückten die Garde=Regimenter ein und am 29. kehrte das zurückgeschlagene 1. Armeekorps zurück.

Sogleich beim Einrücken der preuß. Truppen wurde die am 27. auferlegte Kriegskontribution gefordert. Sie war Tags zuvor derart sichergestellt worden, daß die Fabrikanten Herr Johann Faltis 7200 fl., Herr Alois Haase 5000 fl. und die Firma Kluge & Welzel 2800 fl. beizusteuern sich erboten. Die Ereignisse des 27. hatten jedoch auch diese Herren und überhaupt den wohlhabenderen Theil der Bevölkerung verscheucht. Der Bürgermeister Herr Dr. Roth war gefangen weggeführt und so die Aufbringung von 15000 fl. am 28. bereits unmöglich. Nun wurden die Gemeinderäthe: Herr Vincenz Frenzl und Herr Vincenz Cerny, dann die Ausschüße: Herr Ferdinand Werner und Josef Ditrich zum Kommandanten berufen. Die triftigsten Vorstellungen der drei Letzteren, die Hinweisung auf das Brandunglück vom Jahre 1861, und die wärmsten Bitten um Schonung der Stadt, hatten jedoch keinen anderen Erfolg als Faustschläge ins Gesicht und die schmählichsten Schimpfworte anwesender Generäle und Staabsoffiziere, unter denen der Ausdruck: „österreichische Schufte und Hunde" am zahlreichsten vertreten war. Die schließliche Entscheidung gipfelte in dem motivirten Befehle: „Trautenau durch 3 Stunden zu plündern, weil die Stadt durch den Verrath des Bürgermeisters und der Bewohner an dem Rückzuge des 27. Schuld trage, weil ferner Bürger der Stadt auf königl. preußische Truppen geschossen und siedendes Oel gegossen haben." Auf den Kopf des bereits geflüchteten Gemeinderathes Herrn Vincenz Frenzel wurde der Preis von 200 Thaler gesetzt.

Blieb auch dieser Betrag dem preußischen Armeekommando erspart, so wurde doch der erstere Befehl um so pünktlicher und im möglichsten Umfange befolgt, die Plünderungsfrist auch auf den 29. ausgedehnt und der Befehl in gleicher Weise für alle Orte der Umgebung interpretirt, in welchen preuß. Truppen lagen. In jedes Haus stürmte eine Horde Soldaten, einen Offizier an der Spitze, und durchsuchte es vom Boden bis zum Keller. Gesperrte Zimmer und Behältnisse wurden erbrochen, die darin aufbewahrten Gegenstände durchwegs genommen oder vertilgt, Oefen niedergerissen, Thüren in Stücke zerhauen, Bilder zerschlagen, Spiegel und Einrichtungsgegenstände zertrümmert, Werthsachen, Betten, Wäsche, Kleider, die Waaren der Kaufleute geraubt, Eßwaaren und Getränke genommen und vernichtet, Flüssigkeiten, die nicht zu trinken waren, ausgegossen. Selbst die Fensterrahmen entgingen nicht der barbarischen Vernichtungswuth und wurden sammt den Einfassungen aus der Mauer gebrochen und auf die Gasse geschleudert. In dem Bezirksamtsgebäude wurde nebstbei die Registratur vollständig auseinander geworfen, Repertorien und ein Theil der Akten zerrissen und geöffnete Fascikel so wie das Einreichungsprotokoll in einer Weise verunreinigt, wie es der Anstand näher zu beschreiben verbietet. Die Gassen der Stadt waren nach wenigen Stunden derart mit Trümmern bedeckt, daß namentlich in der Obervorstadt die Passage gehemmt war. Aus den Ställen führte man mehrere hundert Stück Rindvieh, Schafe und Schweine weg, selbst das Geflügel wurde zusammengefangen.

Der Umfang der Verwüstung und der Vorgang hiebei läßt sich lediglich aus dem Detail des Schadens ermessen und es ist somit eine specificirte Aufzählung der geraubten Gegenstände und ihres Werthes — so weitläufig und ermüdend sie ist — im Hinblicke auf die Tendenz dieser Darstellung nicht zu vermeiden. Am 28. und 29. Juni wurden demnach geraubt oder vernichtet:

In der Stadt: Dem Kaufmanne Herrn Stefan Kopper Nr. 17, und 18 sein ganzes Waarenlager en gros im Werthe von 20687 fl. Darunter waren: 90 Ctr. Zucker, 62½ Ctr. Kaffee, 25½ Ctr. Reis, 1 Ctr. Pflaumen, 500 Pfd. Feigen, 500 Pfd. Mandeln, 1500 Pfd. Salz, 1200 Pfd. Cichorie, 17 Tonnen Häringe, 1 Tonne Fischthran, 1 Faß Airer=Oel, 3 Faß Baumöl, 2 Faß Rüböl, 40 Pfd. Indigo, 100 Pfd. blausaures Kali, 200 Pfd. Firniß. Ferner alle Arten englische und türkische Baumwoll=Garne, Safran, Petroleum, Gewürze, Farben, zudem auch Kleidung, Wäsche und Betten. Den Kommis desselben, Herrn Josef Baudis, Vincenz Staupe und Vincenz Bauer Betten, Kleider und Wäsche im Werthe von 439 fl. worunter 12 fl. baares Geld.

Dem Gasthauspächter Herrn Anton Stark Nr. 19, die bedeutenden Vorräthe in= und ausländischer Weine, Lagerbier, alles Glas= und Küchengeschirre, Zimmer= und Bettwäsche, Matratzen, Servietten im Werthe von 5565 fl. 40 kr., darunter 387 fl. 20 kr. baares Geld.

Dem Spenglermeister Herrn Johann Pohl Nr. 3 nebst Kleidung, Betten, Wäsche: 14 Messingmörser, 3 Stk. Messingbügeleisen, 20 Dutzend Eßlöffel, 8 St. Vogelhäuser, Stürzeln, Leuchter und Küchenwaaere (sic!) im Werhe (sic! Werthe) von 297 fl.

Dem Fabriksaufseher Herrn Josef Meißel dessen ganze Wäsche, Kleider und Betten im Werthe von 200 fl.

Dem Hauptschullehrer Herrn Richard Červeny Betten, Kleider, Wäsche, Bücher und Schriften im Werthe von 182. fl.

Dem Tabakverleger Herrn Franz Kluge, Nr. 21 und 34, nebst 40 St. Betten, 51 St. Leinweben, 1 Wagen sammt Geschirr, sämmtliche Kleidung und Wäsche der Familie, dann der Tabakvorrath im Werthe von 6214 fl. 89 kr. im Ganzen 8128 fl. 71 kr. — Dessen Bediensteten Kleider, Wäsche und sonstige Geräthschaften im Werthe von 714 fl.

Die Aufzählung ließe sich noch lange fortsetzen; in der Publikation füllt sie allein zehn Seiten.

Trautenau nach der Schlacht

Wie es danach in Trautenau selbst aussah, wird aus Ausführungen des deutschen Reise- und Romanschriftstellers Hans Wachenhusen (1823-1898) deutlich. Er schreibt 1866, als Korrespondent im österreichischen Hauptquartier:[39] „Die Häuser waren zum Theil zertrümmert, die Einwohner geflohen oder, wie der Bürgermeister Roth, der Gasthofsbesitzer Stark und noch 14 Andere, die als An-

[39] Wachenhusen, Hans, Tagebuch vom Oesterreichischen Kriegsschauplatz, 3., unveränderte Auflage, Berlin 1866, S. 77.

stifter des Straßenkampfes galten, gefangen abgeführt. (Sie wurden nach Beendigung des Krieges jedoch wieder entlassen, da namentlich Roth seine Unschuld bewies.) Leichen und Verwundete bedeckten die Straßen, die Aerzte und Krankenträger waren eifrig beschäftigt, die Lazarethe wurden in den Straßen selbst aufgeschlagen."

Am Nachmittag fanden Hausdurchsuchungen statt, die aber wenig ergaben. „Einzelne Gewehre und Pistolen wurden aufgefunden, was ja aber nicht wunderbar ist, denn in jeder Stadt wird es auch in Friedenszeiten Leute genug geben, die Gewehre und Pistolen besitzen", schreibt Richard Schmitt 1892.[40]

Nur wenige zeitgenössische Darstellungen widmen sich den persönlichen Verhältnissen nach der Schlacht bei der Trautenau. Anton Jahnel (1825-1896) schreibt in der „Chronik der Preußischen Invasion des nördlichen Böhmens im Jahre 1866":[41]

Noch muß jener Männer gedacht werden, welche sich in der überstandenen schweren Zeit der vielen Verwundeten wacker annahmen, die Trautenau beherbergt hat. Man zählte in den ersten 3 Tagen an 2500 Verwundete. Sie waren in Privathäusern, unter den Lauben, im Rathhause, auf der Post, im Haase'schen Hause, in der Falstis'schen und in der Fabrik des Herrn Walzel zu Parschnitz untergebracht. Unsere Herren Stadtärzte hatten aus allen Kräften zu thun, denn von Preußen war noch keine Hilfe angekommen. Alle Akte der Großmuth und Barmherzigkeit aufzuzählen, die von den Preußen ebensogut wie von den Reichen geübt wurden, ist geradezu unmöglich; jeder half, um den Unglücklichen Linderung zu verschaffen, Niemand dachte an Entgelt. Ganz besonders that sich der Hauptschullehrer Klement hervor, ihm treu zur Seite stand Herr Dr. Pauer und Herr Kaufmann Dobiaschowsky. Zur Verpflegung der Verwundeten kamen endlich aus Preußen die königl. Kammerherren und Johanniter Baron von Senden und Baron von Buggenhagen, denen eine große Anzahl Aerzte und Spitalgehilfen, sowie barmherzige Schwestern unterstanden, welche sich um die Pflege der Verwundeten ein hohes Verdienst erworben und gethan haben, was nur immer möglich war. Außer den Genannten sind insbesondere der Stabsarzt Dr. Disterberg und Dr. Westphal, unter den freiwilligen Pflegern aber namentlich die Baronin von Münchhausen in hervorragendster Weise thätig gewesen. Auch der Trautenauer Bürger und Hausbesitzer Herr Adolf John, der den Johannitern früh und spät hilfreich zur Seite stand und der Apothekerprovisor Herr J. Jung, welcher mit der Bereitung der Arzneien für so viele Hunderte von Verwundeten Tag und Nach in Anspruch genommen war, müssen rühmend erwähnt werden.

[40] Schmitt, Richard, Die Gefechte bei Trautenau am 27. und 28. Juni 1866 nebst einem Anhang über moderne Sagenbildung, Gotha 1892, S. 214.
[41] Jahnel, wie oben, S. 388.

In der Prager Zeitschrift „Politik“ verlautete über die Zeit unmittelbar nach der Schlacht:[42]

In der Spinnfabrik des Herrn Faltis wurden am 28. Juni etwa 2000 österreichische Gefangene eingesperrt. Während um dieselbe preußische Truppen bivouakirten, brannte Nachts auf den 30. die Fabrik mit allen Vorräthen an Werg und Gespinnst ab, ohne daß die Entstehungsursache zu eruiren gewesen wäre. Längere Zeit stand jedoch das Gebäunde (sic!) in Flammen, ehe die Preußen sich entschließen konnten, die versperrten Thüren zu öffnen. Daß hiedurch Manche der Gefangenen in den Flammen den Tod fanden, beweist die Thatsache, daß beim Aufräumen des Schuttes menschliche Gebeine, Absatzhufeisen und Stahlbestandtheile von Portemonnais gefunden wurden.

Erst am 29. und 30. dachte man an die Beerdigung der Todten, welche auf den Kampfplätzen um die Stadt lagen.

Am dichtesten war der Johannisberg und das Terrain zwischen diesem und dem Galgenberge mit Todten bedeckt. Preußische Soldaten wurden hiebei nicht belästigt; doch nahm man mit Gewalt jeden Anderen, der auf der Straße getroffen wurde, versah die Gepreßten mit Krampen, Schaufeln und Karren und trieb sie zu 20 bis 30 Mann unter Militärbedeckung auf die Beerdigungsorte. Hier sah man Leute der verschiedensten Stände an einander gekoppelt; so wurde ein Karren von einem pensionirten k. k. Hauptmann, einem Buchhalter und einem Amtsdiener gezogen.

Der Transport der Verwundeten von den Schlachtfeldern dauerte beinahe drei Tage; ein großer Theil derselben mußte unter den Lauben der Häuser auf Stroh unterbracht werden und lag dort angekleidet und blos mit dem Mantel bedeckt. Die preuß. Aerzte beeilten sich durchaus nicht, den Verband zu besorgen, und nur der menschenfreundlichen Opferwilligkeit der einheimischen Herren Aerzte: Dr. Franke, Dr. Pauer, Dr. Ettelt und Dr. Sturm danken viele der Verwundeten ihr Leben. Die österr. Soldaten wurden in den preußischen Lazarethen nichts weniger als menschlich behandelt. Regelmäßig bekamen sie die Kost mit den Worten: „Da hast Du österreichischer Hund.“ Als bei einem solchen Anlasse ein österreichischer Jäger des 2. Bataillons dem preuß. Wärter eine derbe Ohrfeige versetzte, wurde er krank in das Civilarrestlokale gebracht und mußte dort 3 Tage ohne Pflege bleiben. — Der Oberlieutenant des 2. Jägerbataillons Herr Johann Schneider war von einem Säbelhiebe am hintern Theile des Kopfes nicht besonders schwer verletzt und hatte, im Hause des Bürgers Herrn Loquenz sorgfältig gepflegt, alle Hoffnung auf Genesung. Preußische Aerzte hielten jedoch die Verletzung für eine Schußwunde, und öffneten sie, nm nach der Kugel zu suchen, in Folge dessen Herr Schneider nach wenigen Tagen starb. Namentlich war es der preuß. Professor Dr. Folkmann, der durch schonungsloses Amputiren und durch schmähliche Vernachlässigung der Kranken eine große Zahl österreichischer Verwundeten zu Grunde richtete. Seine Rohheit ging so weit, daß er Amputirte und schwer Verwundete, eigenhändig beohrfeig-

[42] Geschichte der preußischen Invasion und Okkupation in Böhmen im Jahre 1866, wie oben, S. 50.

te. Der österreichische Oberarzt Herr Dr. Josef Konarowský und der Stadtarzt Herr Dr. Bernhard Pauer hatten vielfach die Gelegenheit, Auftritten dieser Art beizuwohnen.

Die stabile Besatzung von Trautenau bildete seit dem 1. Juli das Bataillon Löwenberg des 7. Landwehr=Regiments unter dem Befehle des Etappenkommandanten Major Freiherrn von Wappnitz. Unterschied sich auch deren Haltung im Ganzen von jener der Horden, welche am 27., 28. und 29. Trautenau verheert hatten, so waren doch die Forderungen, sowohl des Einzelnen hinsichtlich der Verpflegung, als auch, der ganzen Truppe, bezüglich der Requirirungen von Vorspännen und Naturalleistungen, nahezu unerschwinglich. Allen übrigen leuchtete jedoch durch Rohheit und Brutalität der Kommandant Baron Wappnitz voran. Eine Gewaltthat jagte die andere und selten verging ein Tag, wo nicht 50 bis 80 Streiche Leuten dekretirt wurden, die das Mißfallen des preußischen Junkers erregt hatten. Stets war der Strick gedreht, mit dessen Wirkungen sich der schuldig Befundene, ohne Rücksicht auf Alter und Gebrechen vertraut machen mußte. (...)

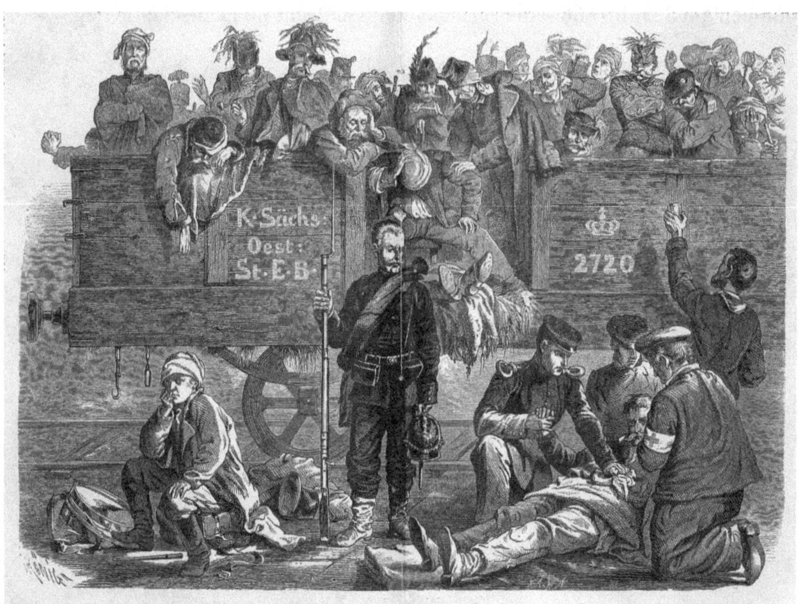

Abb. 42: Dieser Holzstich zeigt die Ankunft von Verwundeten in Dresden, „nach der Natur aufgenommen“ von Herbert König (1820-1876). Ende Juni 1866 erlebten die sächsischen Städte bereits die Ankunft von Verwundeten aus den Gefechten zwischen preußischen, sächsischen und österreichischen Streitkräften. Nach der Schlacht von Königgrätz stieg die Zahl der Toten und Verletzten enorm an, was die sächsischen Transportkapazitäten und medizinischen Einrichtungen bis an die Grenzen beanspruchte. Entnommen aus: Die Gartenlaube, Heft 31/32, Leipzig 1866, S. 492 f.

Abb. 43: „Auf dem Marsche – Der Commandeur der Stabswache wieder einmal in den Colonnen.“ Chromolithographie aus: Prinz Biron von Curland und Alfred Hindorf (Hrsg.). Erinnerungs-Blätter aus dem Feldzuge in Böhmen und Mähren im Sommer 1866, Gera 1878.

Die Entscheidungsschlacht am 3. Juli 1866

Es folgte die bis dahin einzigartig dastehende Schlacht bei Königgrätz in Ostböhmen am 3. Juli 1866 – die Entscheidungsschlacht im Deutschen Krieg.

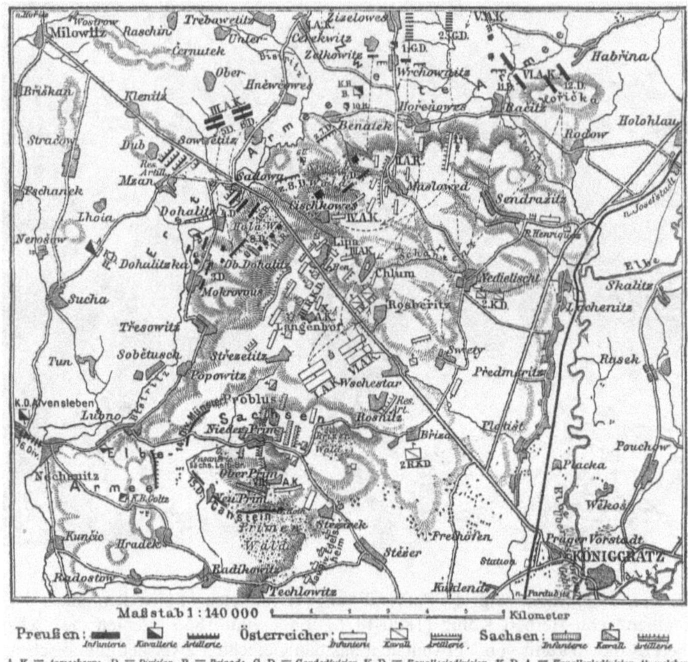

Abb. 44: Karte zur Schlacht bei Königgrätz (3. Juli 1866). Meyers Großes Konversations-Lexikon, Leipzig 1905, S. 383. *Königgrätz (tschech. Hradec Králové, „Königingrätz“), Stadt in Böhmen, 244 m ü. M., an der Mündung der Adler in die Elbe ...*

In Böhmen sollte nach den Plänen des preußischen Generalstabschefs Helmuth Graf von Moltke (1800-1891) die militärische Entscheidung fallen. Mit Hilfe von Telegraf und Eisenbahn dirigierte Moltke große Heeresverbände aus verschiedenen Richtungen in bis dahin unbekannter Geschwindigkeit nach Nordböhmen, wo sich drei preußische Armeen zur größten Umfassungsschlacht der damaligen Kriegsgeschichte vereinigten: Über 200000 preußische Soldaten der 1. Armee unter Prinz Friedrich Karl von Preußen (1828-1885), der 2. Armee unter Kronprinz Friedrich Wilhelm und der Elbarmee unter General Karl Eberhard Herwarth von Bittenfeld (1796-1884) stand eine fast ebenso hohe Zahl österreichischer und sächsischer Soldaten unter dem Oberkommando von Feldzeugmeister Ludwig von Benedek gegenüber.

Abb. 45: Regiments-Kommandant Oberst Johann Weyracher v. Weidenstrauch vom Infanterie-Regiment Hartung Nr. 47, 1817 in Graz geboren, wird schwer verwundet (Der Kamerad – Österreichische Militär-Zeitung, 16. Juli 1866, S. 587). „Der tapfere Oberst Weyracher v. Weidenstrauch, welcher das Vordringen seiner Truppe im Walde geleitet hatte, wurde hiebei das Opfer seiner Kühnheit", heißt es bei Johann Krainz in „Episoden aus den Kämpfen der k. k. Nord-Armee, 1866" (Graz 1897, S. 182). Er wurde am 1. März 1867 pensioniert und lebte dann in Graz.

Bereits im Jahr 1859 hatten sowohl die Franzosen als auch die Preußen die neue Transporttechnik des Truppentransports per Eisenbahn angewandt; erstere, um in Italien gegen die Österreicher Krieg zu führen, und letztere, um ihr Heer den Rhein entlang in Position zu bringen. Diese ersten Versuche wurden durch den amerikanischen Sezessionskrieg in den Schatten gestellt, in dessen Verlauf beide Seiten – vor allem aber die Unionisten – Truppen und Vorräte in gigantischem Ausmaß per Eisenbahn kreuz und quer über den Kontinent schickten.

1866 und 1870/71 demonstrierten nun die Preußen eindrucksvoll, zu welchen Leistungen die Eisenbahn imstande war. Preußen ging aus der entscheidenden Schlacht als Sieger hervor.

In der No. 28 der „Provinzial-Correspondenz", vierter Jahrgang, vom 11. Juli 1866 verlautete: „(Die Ausdehnung und die Opfer der Schlacht.) Die Schlacht bei Königgrätz ist eine der größesten und blutigsten in der Weltgeschichte. Preußischerseits waren alle 8 Armeecorps im Feuer, auf feindlicher Seite die gesammte österreichische und sächsische Armee unter persönlicher Führung des Oberbefehlshabers Benedek. Die erlittenen Verluste sind auf beiden Seiten bedeutend, die österreichischen haben sich aber als über alle Erwartung große und vernichtende herausgestellt. Gegen 20,000 Gefangene sind in unseren Händen, außerdem 180 Geschütze, 11 Fahnen u. s. w. Unter den österreichischen Verwundeten befinden sich drei Erzherzöge. Der Corps-Kommandant Baron Festetics hat ein Bein verloren, der Corps-Kommandant Graf Thun erhielt eine Schußwunde am Kopfe; Oberst Binder und ein anderer Stabschef blieben todt auf dem Platze. Die Fürsten Liechtenstein und Windischgrätz sind gefangen genommen. Wir haben unter den Todten den General-Lieutenant Hiller von Gärtringen, unter den Schwerverwundeten den Lieutenant Prinz Anton zu Hohenzollern zu beklagen."

Am 20. Juli 1866 wurde in der „Breslauer Zeitung" eine Meldung gedruckt, welche sich noch einmal mit den Ereignissen in Trautenau beschäftigte: „Das Bubenstück von Trautenau. Wie bekannt, wurden unsere Truppen beim Einzug in die böhmische Stadt Trautenau von einem Teil der Einwohnerschaft mit siedenden Öl aus den Häusern begossen. In Berliner Lazaretten liegen mehrere unserer braven Landsleute, welche total verbrüht sind. Namentlich sind manche durch dieses Bubenstück um ihr Augenlicht gekommen. Die Greueltat vergrößert sich jedoch, wenn man daran erinnert, daß das Trautenau speziell der preußischen Wohltätigkeit sein Dasein verdankt. Vor einigen Jahren bis auf das letzte Haus abgebrannt und wahrscheinlich angebrannt, erscholl von Böhmen aus ein lauter Not- und Schmerzensschrei. Der Appell an die preußische Wohltätigkeit war von großem Erfolg. Große Summen waren zusammengekommen; darunter in Berlin allein 38000 Thaler. Mit diesen milden Gaben haben die Trautenauer sich aufgerichtet, um später preußischen Truppen meuchlerisch zugrunde zu richten."

Die „Königlich privilegirte Berlinische Zeitung" vom 20. Juli 1866 berichtet:

Aus Glogau, 17. Juli, schreibt man der Schles. Ztg: Wir können als ganz zuverlässig mittheilen, daß sämmtliche 19 Trautenauer sich noch heute im hiesigen Kriminalgefängniß befinden. Das Gerücht, daß sie dem Civilgericht zur Bestrafung überwiesen worden seien, ist unrichtig; aber auch darüber, daß von Seiten des Militairgerichtes eine Untersuchung gegen dieselben geführt wird, verlautet nichts.

Die „Österreichische militärische Zeitschrift" resümiert im Jahre 1868:[43]

Zwei großartige Siege haben wir im Jahre 1866 über die Preußen errungen, und zwar einen bei Trautenau und einen bei Lippa, beide ohne Zündnadelgewehr gegen diese furchtbare Waffe. Sie werden uns unvergängliche und unter den vielen schönen, vielleicht die schönsten Lorbeerreiser sein. Aber nicht dies allein. Beide Siege sind uns Beweise, daß die Österreicher nicht erst des Zündnadelgewehres bedurften, um siegreich aus diesem Kampfe hervorzugehen, sondern daß es nur an der Leitung fehlte, um mit diesem trefflichen Material das vorgesteckte Ziel zu erreichen. Mögen sich die Preußen noch so viel auf ihre Erfolge einbilden, je mehr desto besser für uns. Mittlerweile studiren wir fleißig die Schlacht bei Trautenau und die bei Lippa, in denen wir die Schwächen der Preußen entdeckt zu haben sicher sein können, und bewaffnen uns mit dem Zündnadelgewehr.

[43] Österreichische militärische Zeitschrift, redigiert und hrsg. von Valentin Ritter von Streffleur, K. K. General-Kriegs-Commissär, IX. Jahrg., 1. Bd., Wien, Verlag der Redaktion 1868, S. 182.

Das Gefecht bei Wysokow (Vysokov, auch Hohenfeld, bei Nachod), am Rande erwähnt, war eines der ersten Treffen der Österreicher und Preußen in dem Krieg 1866 und hatte am gleichen Tag stattgefunden, wie die Schlacht bei Trautenau: am 27. Juni 1866. Dort behielten die Österreicher die Oberhand, bei Wysokow die Preußen. Die II. preußische Armee unter Kronprinz Friedrich Wilhelm marschierte in drei Kolonnen aus Schlesien nach Böhmen. Die ganze Aktion stand für die Österreicher von Anfang an unter einem unglücklichen Stern. Der Stab der österreichischen Nordarmee unter Feldzeugmeister Ludwig von Benedek stand in Josefstadt. Zwischen von Benedek und Feldmarschallleutnant Wilhelm Baron Ramming (1815-1876) bestanden bereits seit längerer Zeit persönliche Animositäten. Vielleicht auch deshalb ließ die Kommunikation zwischen Stab und dem 6. Korps einiges zu wünschen übrig.

Bei diesem Gefecht bekamen die Preußen dauernd Verstärkung durch neu eintreffende Einheiten, sodass die anfängliche Überlegenheit der Österreicher mit der Zeit geringer wurde.

Die Verluste der Österreicher betrugen 232 Offiziere und 5487 Mann an Toten, Verwundeten und Vermissten, außerdem acht Geschütze, eine Fahne und zwei Standarten. Die Preußen verloren 62 Offiziere und 1060 Mann, also nur etwa ein Fünftel gegenüber den Österreichern.

Wenige Tage nach Trautenau, am 3. Juli 1866, verlor der General Adolf von Wimpffen seinen Sohn, den Leutnant Clemens August von Wimpffen vom Mecklenburg-Schwerin-Infanterie-Regiment Nr. 57, der bei Königgrätz fiel. Auch sein Vetter, Graf Alfons von Wimpffen, starb an der Verletzung, die er im Gefecht von Nachod am 27. Juni unweit Königgrätz erhalten hatte.

Wenn man die späteren Ereignisse betrachtet, waren die hohen Verluste der Österreicher vergeblich; auf Befehl von Feldzeugmeister von Benedek zog sich das Korps in weiteren verlustreichen Kämpfen nach Süden zurück, wurde bei Dohalitzka-Mokrovous in ein Gefecht verwickelt, bei dem es erneut drei Offiziere und 70 Mann verlor, konnte aber am Ausgang der Schlacht von Königgrätz nichts mehr ändern. Nach der verlorenen Schlacht wurden die Reste der Brigade Wimpffen im Verband des X. Armeekorps nach Wien beordert, um die Verteidigung der Stadt vorzubereiten. Nach dem Friedensschluss wurde der General Adolf von Wimpffen in den Ruhestand geschickt. Er zog sich auf sein Gut in Tarna-Mera (Ungarn) zurück und heiratete die Tochter seines Bruders, Kalman von Wimpffen, Irma, nachdem seine Frau, Clara von Lauteren, am 23. Oktober 1862 gestorben war.

Nach den jeweiligen Generalstabswerken betrugen die Verluste auf den böhmisch-mährischen, niederösterreichischen und ungarischen Kriegsschauplätzen im Einzelnen:

Österreich: 1313 Offiziere, davon 330 gefallen, und 41.499 Mann, 5328 gefallen
Sachsen: 55 Offiziere, davon 15 gefallen, sowie 1446 Mann, davon 120 gefallen
Preußen: 359 Offiziere, davon 99 gefallen, sowie 8.794 Mann, davon 1830 gefallen

Über Heldentaten einzelner Reiter sind Berichte erhalten. So ritt der Standartenträger der österreichischen Kürassiere Jonas im Gefecht bei Nachod (Wysokow) am 27. Juni 1866, obwohl er den rechten Arm verloren hatte, weiter vor seiner Eskadron, die Standarte in der linken Hand haltend. Nach der Schlacht zählte man 26 Säbelhiebe an seinem Körper.[44]

Abb. 46: Lieutenant von Raven erobert im Gefecht bei Nachod die erste österreichische Standarte. Entnommen aus: Die Gartenlaube, Heft 34, Leipzig 1866, S. 525.

Aus Trautenau ist ein Vorfall überliefert, in dem es um Heldenmut ging. „Der Sammler“, eine Beilage zur „Augsburger Abendzeitung“, berichtete:[45]

Folgenden Zug großen Heldenmuths theilt das Schreiben eines preußischen Offiziers des 37. Regiments an Berliner Anverwandte mit: „Ein Hauptmann erhielt bei Trautenau zwei Schüsse, einen in die Brust und einen in den Unterleib. Er wurde in ein Haus in Trautenau gebracht und schrieb während des Verbandes einen Brief an seine Braut, in dem er ihr von seiner Verwundung Nachricht gab und aussprach, daß er sie schwerlich wiedersehen werde. Kaum war der Brief beendet und dem behandelnden Arzt übergeben, als die Nachricht anlangte, die Preußen zogen sich zurück und die Oesterreicher besetzten bereits wieder Trautenau. Als der auf den Tod verwundete Offizier das hörte, sprang er auf, ergriff seinen Degen und stürzte auf die Straße. Hier traf er auf zwei zurückweichende Preußen, brachte sie durch seinen Zuruf und sein Vorgehen zum Stehen und stürzte gleich darauf todt zu Boden.(“)

Ludwig Hauff schreibt 1867:[46] „Der Rückzug von Skalic und Icin. Die Schlacht bei Trautenau war geschlagen; der Lärm der Kanonen hatte ausgetobt, als ich am Abend des 28. Juli nach Smiric kam, einem kleinen angenehmen Städtchen, das in Mitten des Weges zwischen den beiden Festungen Josefstadt und Kö-

[44] Friedjung, Heinrich, Der Kampf um die Vorherrschaft in Deutschland 1859 bis 1866, Stuttgart und Berlin 1902, S. 55.

[45] Der Sammler – Ein Blatt zur Unterhaltung und Belehrung, 21. Juli 1866, S. 315 f.

[46] Hauff, Ludwig, Die Geschichte der Kriege von 1866 in Mittel-Europa, ihre Ursache und ihre Folgen, München 1867, S. 373. Hauff war vor der Veröffentlichung am 4. November 1866 siebzigjährig aus dem Leben geschieden.

niggrätz liegt. Wie die Schlacht von Skalic ausgefallen war, wußte hier noch Niemand und eine quälende Ungewißheit lastete schwer auf dem Gemüthe der Bewohner."

Fünf Wochen nach Kriegsende bereiste der Schriftsteller Fontane die Schlachtfelder Böhmens, um zunächst Reisebriefe und später ein Buch über den Feldzug zu schreiben. Sein Abreisetag war der 12. August 1866. Damals lebte Fontane im Haus Hirschelstraße 14 in Berlin. Die Stimmung des Krieges war gewiss noch spürbar, als Fontane auf den böhmischen Kriegsschauplätzen (Prag, Kolin, Gitschin, Josefstadt, Königgrätz, Nikolsburg, Brünn) eintraf. Es war noch immer Hochsommer, und die Leichen waren größtenteils an Ort und Stelle eingekuhlt worden.

Die Stimmung wird selbst aus einem knapp ein Jahr später veröffentlichten Beitrag in der „Landshuter Zeitung" vom 17. Mai 1867 deutlich. Da heißt es:

(Von den böhmischen Schlachtfeldern.) Abermals werden lebhafte Klagen laut über mephitische Ausdünstungen, die trotz der vorjährigen Desinfection mit der wärmeren Jahreszeit den massenhaften Gräbern und Schächten der böhmischen Schlachtfelder zu entsteigen beginnen; namentlich bei lauwarmen Nächten liefern große und zahlreiche Irrlichter den Beweis für die sich entwickelnden Gase. Es wäre kein Wunder, wenn der ganze Nordosten Böhmens abermals von einer Seuche heimgesucht würde, denn die Hunderte und Tausende von Leichen sind nach der Schlacht größtentheils nur so oberflächlich eingescharrt worden, daß man mit dem bloßen Fuße allein schon den verwesenden Leichnam wieder ans Tageslicht fördern kann. Eine Bereisung der bedrohten Gegenden durch medicinische Fachmänner thut daher dringend noth, wenn dem neuerlichen Ausbruche einer Epidemie vorgebeugt werden soll.

80 Tage in preußischer Gefangenschaft

Der Bürgermeister von Trautenau, Dr. Hieronymus Roth, und der Gemeinderat hatten den Darstellungen zufolge der preußischen Einquartierungsordonnanz auf die Frage, ob viel Besatzung im Orte sei, geantwortet: „Sehr wenig; Sie können ungehindert durchziehen." Viele Bürger wurden nun des Verrats bezichtigt und „unter schweren Mißhandlungen" gefangen weggeführt.[47]

Hinterlistig hätten die Einwohner von Trautenau die ahnungslosen Preußen in die Stadt hereingelockt, um dann über sie herzufallen. Preußischerseits wurde erklärt, der „Trautenauer Verrat" habe wesentlich dazu beigetragen, dass sich der Kampf zu ungunsten der Preußen gewandt habe. Hätte Roth die Wahrheit verdunkeln wollen, so lag es für ihn viel näher, sich als den Organisator eines Volkskampfes darzustellen und seine Verdienste als solcher zu überschätzen.[48]

Die Vorwürfe gegen Bürgermeister Hieronymus Roth & Co. wogen schwer. Gleich nach der Schlacht bei Trautenau erfolgte der Abtransport der Trautenauer

---

[47] Zimmermann, Wilhelm, Illustrirte Kriegsgeschichte des Jahres 1866 für das deutsche Volk, Stuttgart 1868, S. 174.

[48] Schmitt, wie oben, S. 216.

Legislative. In der Nacht waren die preußischen Garden in Trautenau angekommen und hatten die österreichischen Armeekorps vertrieben.

Über die Momente nach der Gefangennahme und den Abtransport nach der alten preußischen Festungsstadt Glogau in Niederschlesien sowie die dortigen Haftbedingungen berichtet Hieronymus Roth. Seine Ausführungen sind authentisch und haben bezüglich dieser Episode des Deutschen Krieges einen besonderen Wert. Roth berichtet, dass die Gefangenenkolonne unter Beschuss geraten sei:

Ich war erst einige Minuten gefangen erklärt, so brachte man auch den Bezirksamts=Adjuncten Johann Scheps, den Apotheker Carl Czerny jun., den provisorischen Schützencommandanten Emanuel Fiedler, den Maschinenschlosser Joseph Lesk und den Polizeimann Ignaz Gutsch als Gefangene aus den Häusern. Ich mußte noch als Gefangener eine Requisition von Stroh besorgen, während dessen die übrigen paarweise mit Stricken zusammengebunden und die Paare wieder mit einem Stricke vereinigt und vom Ringplatze auf der Straße gegen Königshain abgeführt wurden. Nachdem ich die Strohrequisition besorgt hatte, bat ich nochmals einen nur einzeln am Ringplatze stehenden Oberst, mich zu entlassen, da die wider mich gerichtete Beschuldigung nur auf einem Irrthume beruhen könne. Als mir dies verweigert wurde, bat ich auch vergebens um die Gestattung, von meiner Familie Abschied nehmen und zwei Sparcassabücheln, die ich zufällig bei mir hatte, abgeben zu dürfen. So mußte ich begleitet von den zwei Soldaten des 41. Infanterie=Regiments die Stadt verlassen, ohne daß meine Familie von meiner Gefangennahme Kenntniß hatte.

Unterhalb des Niederthores und dann bei der Spittelmühle wurde durch österreichische Soldaten, von den Anhöhen bei Krieblitz aus, auf die mich begleitenden Soldaten geschossen; die Kugeln schlugen neben uns in die Mauern ein, ohne Jemanden zu treffen. Als ich mit meinen Begleitern beim ersten größeren preußischen Truppenkörper ankam, und der Commandant die Soldaten fragte, wer ich sei, führten sie mich, als wenn sie es aus eigener Wahrnehmung wüßten, als den Bürgermeister auf, der preußische Soldaten erschießen ließ. Ich widersprach ziemlich barsch dieser Lüge, und von da an präsentirten sie mich bis zur Uebergabe oberhalb Wolta eine Stunde von Trautenau nur als den Bürgermeister.

Auf dem Platze angelangt, wurden mir die beiden Hände mit einem neuen Stricke fest zusammengebunden und ich wurde commandirt, mich niederzulegen. Nebst den obgenannten fand ich auf dem Felde einige Schritte von mir bereits gebunden lagern die beiden Trautenauer Postbeamten Capoušek und Sub, den Häusler Johann Tham aus Großaupa, den Trautenauer Bürger Hönig aus der Niedervorstadt, die Fabriksarbeiter Müller und Schlumps, den Tagarbeiter Franz Reh aus Bausnitz, einen Leiermann aus Arnau und den Schlosser Kneitschel aus Freiheit. Die meisten dieser Personen hatte ich noch nie gesehen. Nach ungefähr einer Stunde, während welcher meine Hände mittlerweile ganz blau geworden waren, brachten sie den Gasthofbesitzer Anton Stark, den Maschinenbauer Wilhelm Kershaw aus Leeds in England, den Kellner Rudolph Smet aus Hohenelbe und den Schuhmacher Anton Baudisch aus Parschnitz.

130 gefangene österreichische Soldaten wurden am 28. Juni durch Liebau getrieben, das Schlusslicht bildeten neben einigen Zivilisten der geknebelte Bürgermeister Dr. Hieronymus Roth und der Gastwirt „zum weißen Roß“, Anton Stark.

Abb. 47 (links): „Ein auf Niedertracht, Lüge und Erfindung aufgebautes Pamphlet: Dr. Roth, Bürgermeister von Trautenau, im Gefängniss.“ Abb. 48 (rechts): Gastwirt Anton Stark und Apotheker Carl Czerny jun. im Gefängnis in Glogau (Schlesien, tschechisch *Hlohov*). Ölgemälde von Kretschmar.

Edmund Horst schreibt in den „Kriegsbildern von den Schlachtfeldern Böhmens und Süddeutschlands, sowie von Italiens Land- und See-Kämpfen im Jahre 1866“:[49]

***Leibau,** (sic!) 28. Juni. Soeben wurden von den im gestrigen Gefechte bei Trautenau gemachten Gefangenen 6 Offiziere und 40 Gemeine hier durchgebracht, um über Landshut, Bolkenhain, Jauer etc. nach Glogau weiter transportirt zu werden. Hinter den militärischen Gefangenen wurden auch die festgenommenen Bürger von Trautenau eingebracht; unter ihnen der Bürgermeister Dr. jur. Roth, der Bezirkshauptmann v. Hetzendorf mit seinem Sohne und der Gastwirth Starke. Alle vier waren gebunden und mußten zu Fuß gehen, während die Offiziere auf einem einspännigen Karren transportirt wurden. Als die Gefangenen in die Nähe der Stadt kamen, erhob das Volk ein lautes Schreien, Toben, Zischen und Schimpfen. Die Soldaten hatten Mühe, die vier bürgerlichen Gefangenen zu schützen. Trotzdem wurden dieselben über die Köpfe der Soldaten hinweg, vorzugsweise der Bürgermeister und der Bezirkshauptmann, mit Knitteln geschlagen und angespien. Der Bürgermeister Roth ist eine stattliche, große, männliche*

[49] Horst, Edmund, Kriegsbilder von den Schlachtfeldern Böhmens und Süddeutschlands, sowie von Italiens Land- und See-Kämpfen im Jahre 1866, Dresden 1866, S. 96 ff.

Erscheinung, der Bezirkshauptmann v. Hetzendorf ein ältlicher Mann. Beide waren in Trautenau und im Bezirke geliebt und allgemein geachtet.

Wien, *30. Juni. Der amtliche Bericht über das Treffen bei Trautenau lautet: Der Commandant der Nordarmee an Se. Excellenz den ersten Generaladjutanten Sr. Majestät des Kaisers und der Armee, Feldmarschallleutnant Grafen Crenneville:*

„Hauptquartier Josephstadt, am 28. Juni 1866. Im Nachhange zu meinem telegraphischen Berichte vom Abend des 27. bezüglich der Gefechte bei Podol und Skalitz beehre ich mich, Ew. Excellenz auch über jene Begebenheiten in Kenntnis; zu setzen, welche im Laufe des 27. bei Trautenau verliefen. Die Meldung hierüber vom 10. Armeecorps langte heute um ½2 Uhr Morgens hier an. Um 6 Uhr Morgens des obengenannten Tages fand die Avantgarde, Brigade Oberst Mondel, des von Schurtz in der Vorrückung begriffenen Armeecorps, Trautenau besetzt und schritt zum Angriff. Der Kampf war lebhaft und wurde nach und nach von allen Truppen des Armeecorps genährt. Nach Aussage der Gefangenen sollen es drei Brigaden des 1. Corps gewesen sein, die der Gegner zur Behauptung seiner Stellung nach und nach in's Gefecht warf. Nach heißem und blutigem Kampfe war um ¾9 Uhr Trautenau in unserer Gewalt, doch dauerte das Feuergefecht, obzwar schwach, noch zur Zeit der Absendung des Gefechtsberichts — 6 Uhr — fort. Nachdem sich das 10. Armeecorps so in der Stellung bei Trautenau festgesetzt hatte, erfuhr Feldmarschallleutnant Gablenz auf vertraulichem Wege, daß der Feind um 4 Uhr Nachmittags eine starke Brigade gegen Eipel entsendet habe, um ihn in Flanke und Rücken zu bedrohen, und bezog hierauf, um dem Feinde auch dort die Spitze zu bieten, unter Zurücklassung von nur einer Brigade zur Besetzung von Trautenau selbst, mit den übrigen Theilen des Armeecorps die Position auf den Höhen unmittelbar südlich von Trautenau, gegen welche Position der Feind keinen fernem Angriff wagte."

Privat=Mittheilungen über die Gefechte bei Trautenau, welche vollkommen bestätigen, daß die Oesterreicher am 27. Juni Sieger waren, jedoch dem neuen Angriffe der Preußen am 28. Juni weichen muhten: „Am 27. früh 3 Uhr gingen wir über die österreichische Grenze und glaubten, den Feind erst in der Gegend von Arnau (jenseit Trautenau, an der obern Elbe) zu finden. Die Fouriers und ein Infanteriebataillon rückten mit Sang und Klang in Trautenau ein. Der Bürgermeister kam ihnen devot entgegen und erklärte sich zu jeder Dienstleistung bereite Er ließ der Mannschaft Wein und Bier auf den Markt tragen, und die Leute gaben sich sorglos der Erholung hin. Mittlerweile war ich auch auf den Markt gekommen. Da wurde plötzlich aus allen Fenstern auf uns geschossen. Wir waren in einer Falle, und nun hieß es „durchschlagen". Auch die Bevölkerung nahm hinterlistig an dem Kampfe Theil. Unter Verlusten erreichten wir den Ausgang und stießen zu unserm heranrückenden Gros, welches sich nun zum geordneten Angriffe auf Trautenau entwickelte. Die Stellung der Oesterreicher war von Natur stark, dabei geschickt benutzt und besetzt. Anfänglich hatten wir 12,000 Mann uns gegenüber, mit verhältnißmäßig starker Artillerie, welche vorzüglich schoß. Um ½9 Uhr Morgens begann der Angriff. Unsere Zündnadelgewehre wirkten außerordentlich und Mittags waren wir Herren von Trautenau, nachdem Haus für Haus mit Sturm genommen war. Unsere Pionniere bahnten den Weg in die Häuser, indem sie alle Thüren einschlugen. So bekamen wir auch den Bürgermeister und die übrigen verrätherischen Civilisten in unsere Gewalt. Sie wurden gebunden und fortgebracht. Um ½3 Uhr rückten die Oesterreicher nach erhaltener Verstärkung von Neuem vor. Nach heftigem Kampfe mußten wir Zeichen, nahmen jedoch bis ½7 Uhr Abends die Stadt zum zweiten Male, die wir bis um 9 Uhr behaupteten. Da kam Gablenz persönlich mit einem frischen Corps heran, und wir waren genöthigt, die Stadt zum zweiten Male zu räumen. Der Rückzug wurde in bester Ordnung angetreten und Nachts 2 Uhr rückten wir in ein Bivouac, ohne einen Bissen im Magen zu haben. Als ich vom Pferd stieg, fiel ich um und schlief 13 Stunden. — Am 28. blieben wir Sieger. Davon schreibe ich mehr. Das Schlachtfeld gewährt einen furchtbaren Anblick. Viele Freunde habe ich mit begraben.“

Theodor Fontane (Foto rechts) urteilt, wie folgt:[50]

Von einem „Verrath von Trautenau“ kann nicht wohl die Rede sein. Von einem solchen ließe sich sprechen, wenn die Bürger oder der Vorstand der Stadt unsre Truppen nach Trautenau hinein gelockt hätten, um sie später zu überfallen, mit andern Worten, wenn ein Plan, ein Complott vorhanden gewesen wäre. Von einem solchen hat aber weder die später geführte Untersuchung das Geringste ergeben, noch deuten die Vorgänge in der Stadt, die (selbst wenn wir die schlimmste Version gelten lassen) immer sehr unbedeutend blieben, darauf hin. Wir plaidiren, was die Gesammthaltung der Stadt und ihrer Vertretung angeht, unbedingt für Nichtschuldig.

Unser Nichtschuldig aber soll nicht dahin gedeutet werden, daß nicht einzelne Schuldige zu betreffen gewesen wären. So viel wir wissen, ist in keinem einzigen Fall die Schuld nachgewiesen worden, aber wir halten es nach Allem, was vorliegt, für mehr als wahrscheinlich, daß zu verschiedenen Malen und zwar von Civilpersonen aus Fenstern und Dächern auf preußische Soldaten geschossen worden ist. Dr. Roth (Bürgermeister von Trautenau) bestreitet es freilich. Er war aber nicht überall, konnte es nicht sein und geht in seinem Ableugnungseifer gewiß zu weit, wenn er für jeden Einzelnen (er spricht an andrer Stelle selbst von der Erbittrung vieler Hunderte von brodlos gewordenen Arbeitern) den Anwalt macht und „wahrheitsliebende preußische Männer, die aus den trautenauer Häusern schießen sahen“, auffordert, ihre Namen zu nennen. Unter Namensnennung ist ihm denn auch in dem Grenzboten darauf geantwortet worden. Es heißt in dieser Antwort: „Es giebt wirklich viele wahrheitsliebende Männer, die bezeugen können und bezeugen müssen, daß die preußischen Truppen aus den Fenstern der trautenauer Häuser beschossen wurden, und zwar nicht etwa von

[50] Fontane, Theodor, Der deutsche Krieg von 1866, I. Bd.: Der Feldzug in Böhmen und Mähren, Berlin 1870, S. 381.

östreichischem Militair, denn solches wurde nicht in der Stadt gefunden. Ich könnte Herrn Dr. Roth das Haus malen — so lebhaft steht es mir noch vor Augen — aus welchem auf uns, die wir in der nächsten Straße von Parschnitz her zwischen Aupa, Brücke und Kapelle postirt waren, der erste Schuß fiel: es war das Eckhaus vis-a-vis der eben genannten Kapelle; dasselbe wurde in Folge dessen, da die Thüren verrammt waren, erbrochen und durchsucht. Nachher habe ich in kurzen Zwischenräumen noch etwa fünf oder sechs Schüsse fallen sehen. Dies war keine Augentäuschung, wofür Herr Dr. Roth die Sache erklären will; eine solche kann wohl einem Einzelnen passiren, nicht aber Hunderten von Menschen, die gewohnt sind, mit scharfem Auge um sich zu blicken.“

Ähnlich verwendet sich auch Georg Hiltl für das Verhalten der Trautenauer. Die Vorwürfe gegen die Trautenauer Bevölkerung sind am Ende nicht mehr haltbar:[51]

Bei der zahlreichen Arbeiterbevölkerung konnte es leicht vorkommen, daß Einzelne sich zu Ausschreitungen herbeiließen, jedenfalls sind diese Dinge eine traurige Frucht der maßlosen Hetzereien gegen die Preußen, welche schon feit Beginn des Krieges die österreichische Presse und besonders die Beamten der österreichischen Regierung unter die Bevölkerung warfen. Daß der Straßenkampf, die Verbrühungen mit Wasser u. s. w. bedeutend übertrieben worden sind, steht heute fest, aber wenn die „Ostdeutsche Post“ in Wien diese Abscheulichkeiten selbst dem Publikum mittheilt und dann hinzusetzt: „Die Bevölkerung von Trautenau hat gezeigt, welche kostbare Hülfsmittel unversucht gelassen worden sind, dem Feinde den Eintritt nach Böhmen zu wehren. Die Schuld fällt nicht auf Benedek und den Feldzugsplan, sondern auch auf andere Personen, welche die geeigneten Maßregeln hätten anordnen sollen“, so heißt das doch für den Unbefangensten selbst genau so viel als: „Weshalb haben sich nicht die Bewohner aller Städte und Dörfer geeinigt, mit jedem Mittel, sei es noch so furchtbar, gegen die Feinde zu arbeiten.“

Im Zuge der Schlacht bei Trautenau wurden 19 Zivilisten aus Trautenau von den Preußen gefangen genommen. Der Historienmaler, Kunstschriftsteller, Konservator und Gymnasialprofessor Rudolf Müller (1816-1904, Foto links), der mit seiner Publikation von 1866 dem Ereignis am nächsten lag, benannte die soeben abgeführten Trautenauer Gefangenen namentlich:[52]

Außer Dr. Roth wurden noch folgende Personen, gleich Verbrechern, mit Stricken aneinander gebunden, von hier nach Glogau abgeführt: Anton Baudisch, Schuhmachermeister; Rudolf Smrt, Kellner; Franz Müller, Fabriksarbeiter; Karl Schlunz, Taglöhner; Karl Cerny, Apotheker; Anton Stark, Gasthofbesitzer; Wenzel Hönig, Weber; Johann Damm,

[51] Hiltl, Georg, Der Böhmische Krieg – Nach den besten Quellen, persönlichen Mittheilungen und eigenen Erlebnissen geschildert, Bielefeld und Leipzig 1867, S. 220 f.

[52] Müller, Rudolf, Lose Tagebuchblätter: Zwischen Krieg und Frieden – Gedenkbuch aus der Kriegsperiode, Reichenberg 1866, S. 30.

Taglöhner; Ignaz Kutsch, städtischer Polizeidiener; Emanuel Fiedler, Wirth; Franz Reh, Tagarbeiter; Wenzel Tauchmann, Musikant; Adolf Sup, Postexpedient; Josef Zupuchech, Postexpedient; Josef Kneitschel, Schlosser; Wilhelm Kershan (ein Engländer), Maschinenbauer; Josef Lesk, Schlosser; Johann Schips, k. k. Bezirksamtsadjunkt, und ist über deren Schicksal noch nichts Verläßliches zu vernehmen; nur heißt es, Dr. Roth sei dem Kriminalgerichte übergeben.

Abb. 51: Zur Erinnerung an die Heimkehr der Trautenauer Kriegsgefangenen im Jahre 1866. Ölgemälde von einem unbekannten Maler.

Bernhard Pauer (1827-1908), seit 1859 Zivilarzt in Trautenau, war in der Schlacht bei Trautenau der erste österreichische Arzt, welcher die ärztliche Binde der Genfer Konvention vom 22. August 1864 an seinen Arm steckte und den Verwundeten beider Armeen ärztliche Hilfe leistete. Als am 2. November 1866 Seine Majestät, Kaiser Franz Josef I., in Trautenau anwesend war, wurde Pauer für sein verdienstvolles Wirken mit dem goldenen Verdienstkreuz mit der Krone ausgezeichnet, nachdem ihm schon wenige Wochen früher die Stadt selbst das Ehrenbürgerrecht verliehen hatte. Über den Besuch des Kaisers berichtete das „Tag- und Anzeigblatt für die Städte Dillingen, Lauingen, Höchstädt und Gundelfingen" in seiner Ausgabe vom 6. November 1866:

Trautenau, 2. Nov. Se. Maj. der Kaiser kam heute kurz nach 3 Uhr hier an; Tausende von Menschen erwarteten denselben am Eingange der Stadt. Bürgermeister Dr. Roth hielt eine Ansprache, worin er besonders betonte, daß die Drangsale und Leiden des Krieges nicht vermochten, die Liebe und Treue der Bewohner zu Kaiser und Reich zu erschüttern, daß dieselben vielmehr die Bande womöglich noch inniger geknüpft haben. Se. Majestät dankte für die bewiesene Treue und sagte, es dränge ihn sein Herz, die Leiden seiner Lieben kennen zu lernen und selben abzuhelfen. Speziell dankte der Kaiser dem Bürgermeister für seine feste Haltung während des letzten Krieges.

Bänkellied über die Schlacht

Unter den Gefangenen führten die Preußen den Bürgermeister von Trautenau und etliche seiner Landsleute, denen verräterische Teilnahme am Kampfe vorgeworfen wurde, mit sich. Die erlittene Niederlage wurde auf ihre Tücke zurückgeführt. Das Gerücht vergrößerte die erhobenen Vorwürfe, und bald verkündeten Bänkelsänger in Schlesien von einem furchtbaren Straßenkampf in Trautenau. Erst nach dem Frieden wurden die Gefangenen, die man in Glogau strengen Verhören unterzogen hatte, freigelassen. Unbefangene, so der preußische Kronprinz, überzeugten sich von der Ungerechtigkeit des Vorwurfs.[53]

Dr. phil. Richard Schmitt, Privatdozent der Geschichte an der Universität in Greifswald, führt in diesem Zusammenhang die „Beschreibung des großen und schändlichen Verrates, angestiftet durch den Bürgermeister von Trautenau, Dr. Roth, am 27. Juni 1866“ an.[54]

Das für die Stimmung jenes Schicksalsjahres 1866 bezeichnende Bänkellied „Der Trautenauer Verrat“ ging mit Bürgermeister Dr. Roth hart ins Gericht:[55]

Leider traute man dem Erzverräter,
Und in Trautenau ward einmarschiert.
Vorher schon hat Roth daselbst die Städter
Zu der großen Mordthat animiert,

Gleich beginnt ein fürchterliches Schießen
Aus den Fenstern auf das Militär;
Siedend Öl und heißes Wasser
gießen Sie hinunter auf das Preußenheer.

Ach, da fand gar mancher wackre Preuße
In dem wilden Straßenkampf sein Grab;
Manchem schnitt das Öl, das siedend heiße,
Unversehns den Lebensfaden ab.

Hieronymus Roth widersprach den implementierten Vorwürfen in seiner Publikation ausdrücklich und in aller Form.

„Die 19 trautenauer Bürger, welche 27. Juni die Preußen a. d. Häusern m. siedendem Oel etc. angegriffen, wurden 2. Juli i. Glogau z. Criminalhaft gebracht.“ (Schlesische Chronik, August 1866, in: Schlesische Provinzialblätter, S. 497.)

Offene Wundbehandlung in Trautenau

Richard Volkmann (1830-1889), der wenige Tage nach der Schlacht bei Königgrätz im Juli 1866 nach Trautenau kam, um dort im Range eines Generalarztes als Chefarzt des Lazaretts zu fungieren (und dort die offene Wundbehandlung erfolgreich anwendete), wurde später zum ordentlichen Professor der Chirurgie und zum Direktor der chirurgischen Universitätsklinik in Halle ernannt.[56]

[53] Friedjung, wie oben, S. 73.
[54] Schmitt, wie oben, S. 217.
[55] Ebenda.
[56] Ausführlich: Trieder, Simone, Richard von Volkmann – Chirurg und Literat, Halle 2006.

Erlebnisberichte von in Trautenau kämpfenden Soldaten

Einer der wenigen Berichte von der Schlacht bei Trautenau stammt von dem Berliner Schriftsteller und Stadtverordneten Ferdinand Pflug (1823-1888), der als „Spezialberichterstatter“ für die Zeitschrift „Die Gartenlaube – Illustrirtes Familienblatt“ 1866 den Hauptkriegsschauplatz in Böhmen besucht hatte:[57]

Auf dem Capellenberg von Trautenau.

Nach Mittheilungen eines österreichischen Gefangenen.

Auf dem tiefausgefahrenen Feldwege von Hohenbruck nach Pilnikau zog sich eine österreichische Heersäule die Höhe hinan. Der Tag graute eben, doch der dunkle Regenhimmel ließ noch kaum einen röthlichen Schimmer an seinem östlichen Saume hervortreten. Ein scharfer Wind strich über die aufgeweichten Felder. Mühsam schleppte sich Mann und Roß vorwärts. Der Nachtmarsch unter strömendem Regen und, wie seit Tagen schon, ohne jede geregelte Verpflegung schien die Truppen völlig erschöpft zu haben.

Die Stärke der Colonne mochte zwischen sechstausend und siebentausend Mann betragen, nach allen Anzeichen durfte dieselbe jedoch nur als Avantgarde eines größeren österreichischen Corps betrachtet werden. In der That ließen sich auch mit der allmählich gelichteten Aussicht von dem endlich erstiegenen sattelförmigen Höhenrücken hart über Hohenbruck in der Richtung nach Zernow schwere dunkle Massen bemerken, welche, scharf abgehoben von dem lichteren Hintergrund, nur als marschirende Truppen gedeutet werden konnten.

Alle Waffengattungen zeigten sich in der vorderen Marschsäule vertreten. Eine Escadron Dragoner formirte die Spitze derselben, danach folgten Jäger, dann eine Batterie und zwei Regimenter Infanterie. Den Beschluß bildeten abermals Dragoner mit noch einem Geschützzuge.

Seit einer Viertelstunde beinahe schon war aus weiter, weiter Ferne gelegentlich ein schwacher Schall wie von einem bald mehr, bald minder lebhaften Gewehrfeuer vernehmbar geworden, ohne daß indeß irgend wer darauf geachtet hätte. Plötzlich dröhnte der dumpfe Knall eines Kanonenschusses durch die dämmernde Morgenfrühe. Ein zweiter und dritter Schuß folgten rasch aufeinander. Schlag um Schlag erschütterte die Luft. Auch ganze Salven der Infanterie krachten dazwischen. Ein nach der Heftigkeit des Feuers jedenfalls nicht unbedeutendes Gefecht hatte augenscheinlich in der Richtung des Schalles, rechts oder vielmehr eigentlich schon im Rücken der marschirenden Colonne, seinen Anfang genommen.

„Halt!“ Ein Stutzen machte sich bei dem unerwarteten Kampfeslärm durch die ganze Marschsäule bemerkbar. Mehrere Oberofficiere sprengten von der Spitze derselben zu der Kuppe einer seitwärts gelegenen Anhöhe, um von dort einen freieren Blick über die Gegend zu gewinnen. Auch die meisten Bataillonsführer schlossen sich dieser Gruppe an, und schon nach einigen Minuten sah man aus

---

[57] Pflug, Ferdinand, „Auf dem Capellenberg von Trautenau“, in: Die Gartenlaube – Illustrirtes Familienblatt, Leipzig 1866, Heft 31/32, S. 489 ff.

derselben einen Adjutanten quer über Feld in gestrecktem Galopp in der bisher verfolgten Richtung davonstürmen. Bei anderen Bataillonen waren die Officiere hart über dem Rande des Weges unter sich oder um ihren Commandeur zusammengetreten und tauschten ihre Bemerkungen untereinander. Auch von den Mannschaften hatten hier und dort einzelne langgediente Corporale und Capitulanten diesem Beispiele Folge gegeben, bei dem Haupttheile derselben überwogen indeß die Müdigkeit und Ermattung jede andere Empfindung und die Leute ruhten auf dem nassen Rasen zu beiden Seiten der Straße ausgestreckt bei ihren Waffen.

„Da kommt der Major vom ersten Bataillon des Regiments Welden von der Versammlung um unseren General zurückgeritten,“ machte einer der Officiere die andern auf einen von der Gruppe oben auf dem Hügel zurückkehrenden Reiter aufmerksam.

„Major T...., was giebt's? Wo findet das Gefecht statt?“ hatte der vordere Bataillonscommandeur denselben angerufen.

„Die Preußen scheinen halt unsere Arrieregarde oder irgend ein Seitendetachement angegriffen zu haben,“ erwiderte gleichmüthig der Gefragte. „Es mag wohl so bei Eipel oder sonst da herum sein. Wissen's aber, Herr Camerad, ich wünschte schon, daß dieser verflixte Nachtmarsch endlich mal ein Ende nähme. Was zu arg ist, ist zu arg. Sechs Meilen marschirt bei Nacht und Regen, ohne nur eine Rast und einen Bissen zu essen. Ich sage Ihnen, Major Heide, denken's an mich, wenn das so fort geht mit dem vertrackten Hin- und Hermarschiren, geht die ganze Armee zu Grunde, bevor noch eine Schlacht geschlagen worden ist.“

Das Anlangen mehrerer höheren Officiere bei der Gruppe auf der Anhöhe überhob den mit Major Heide angeredeten zweiten Bataillonsführer der Verpflichtung, auf diese freimüthige Herzensergießung seines Cameraden zu antworten.

„Da ist der Feldmarschall-Lieutenant in Person!“ hatte einer der Officiere ausgerufen.

„In der That,“ äußerte Major Heide mit einem Blick hinauf zu der Höhenkuppe, „es ist unser Corpsbefehlshaber. Nun denn, Herr Camerad, da meine ich, daß die Erfüllung Ihres Wunsches wohl noch lange auf sich warten lassen dürfte. Und in der That, da jagen auch schon die Adjutanten nach allen Richtungen.“

„Achtung, es wird marschirt! Bataillon Marsch!“ schallte das Commando. Mit einem in den Bart gebrummten schweren Fluche war der Major von T.... zu seinem Bataillon gesprengt.

Stunden waren seit dem Halt bei dem Sattelberge von Hohenbruck verflossen und es mochte etwa um neun Uhr Morgens sein, als die Truppen nach einem abermaligen Gewaltmarsche wieder bei dem südöstlich von Trautenau gelegenen Höhenzuge anlangten. Ein heftiges Feuer bei oder in dieser Stadt hatte sie von Pilnikau wieder nach dieser Richtung zurückgerufen. Auch jetzt dauerte das Schießen noch an, ohne daß jedoch wegen der vorgelegenen Höhen das Object, um welches, und die Oertlichkeit, wo gestritten wurde, zu erkennen gewesen wä-

ren. Dagegen fiel aus der Gegend, wo bei Tagesaubruch das erste Gefecht stattgefunden hatte, kein Schuß mehr. Das der Brigade angehörige Jäger-Bataillon und das Bataillon T.... vom Infanterie-Regiment Baron Welden befanden sich, das erstere nach Trautenau selbst, das andere auf den als Endpunkt des vorerwähnten Höhenzuges unmittelbar neben und hinter dem südlichen Ausgang der genannten Stadt gelegenen Capellenberg vorgeschoben. Der Rest des Wehrzuges lagerte unter dem diesseitigen Abhang dieses Berges auf dem Wege nach Hohenbruck, welches von dem neuen Lagerplatz nur etwa drei Viertel Stunden entfernte Dorf indeß wegen eines andern rückwärtigen Höhenzuges ebenfalls nicht gesehen werden konnte. Eine zweite österreichische Brigade rastete neben der ersten, noch eine dritte schien weiter abwärts nach rechts, hart hinter dem Kamm des Trautenauer Höhenrückens einen Lagerplatz bezogen zu haben, doch blieben von derselben wegen des Gehölzes, das sich nach dieser Seite von dem Capellenberge etwa bis zur halben Höhe desselben hinabzog, nur einzelne Abtheilungen und eine mehr zurück aufgefahrene Batterie zu bemerken. Der frische Morgenwind hatte die nächtlichen Regenschleier verscheucht und die Morgensonne strahlte von dem wolkenlosen Himmel in goldenem Glanze. Eine zauberhaft schöne Beleuchtung lag über der ebenso anmuthigen wie fruchtbaren Landschaft gebreitet. Die Capelle namentlich mit ihrem kleinen spitzen Thurme und ihren weißen Mauern oben im kühlen Waldesschatten bildete einen Ruhepunkt, von welchem sich das Auge kaum loszureißen vermochte.

Mit dem Anlangen der Truppen auf der neuen Lagerstelle war zugleich der langerwartete Provianttransport bei denselben eingetroffen, und Dank diesem Umstande wie der gebesserten Witterung blieb deren Stimmung mit der von einigen Stunden zuvor durchaus nicht zu vergleichen. Das Knattern des nahen Gewehrfeuers schien bei diesen leichtblütigen und lebensfrohen Söhnen Siebenbürgens und Mährens vollends jede Spur der früheren Ermattung verscheucht zu haben.

Der Major Heide war mit seinem Adjutanten, einem jungen Lieutenant, und einem schon älteren Officier, den Gradabzeichen an dem Kragen seiner Uniform nach einem Hauptmann desselben Regiments, zu der Capelle hinaufgeritten. Der Erstere erschien trotz des erfreulichen Wechsels auch jetzt noch düster und in sich gekehrt, wie er es zuvor gewesen war, der Lieutenant trällerte ein fröhliches Liedchen zwischen den Zähnen.

„Was hast Du heute nur?“ richtete der dritte Officier, sein Pferd auf einer hervorspringenden Bergkuppe etwas verhaltend, die halblaute Frage an den Major.

„Ich? O, Nichts,“ erwiderte derselbe wie aus einem Traume emporfahrend. „Und doch,“ fügte er nach einer langen Pause mit bis beinahe zu einem Geflüster gedämpfter Stimme hinzu: „Ich weiß nicht, was mir ist; Du kennst mich, wir haben vor sieben Jahren damals in Italien, bei Magenta und Solferino, Seite an Seite gestritten, und früher schon, noch als junger Mann, habe ich in Ungarn in so manchem Kampfe gestanden, aber, was mich heute bedrückt, habe ich noch an keinem Schlachttage empfunden. Es lastet wie die Ahnung eines furchtbaren Unheils auf meiner Seele.“

Der Andere hatte einen fast bestürzten Blick auf den Major geworfen. „Pah, Unsinn!“ äußerte er endlich mit gepreßter Stimme, „schlage Dir die Grillen aus dem Sinn. Wie an so manchem früheren blutigen Tage werden wir auch heute unversehrt aus dem Treffen hervorgehen, wenn es noch zu einem solchen kömmt. Betrachte nur diese Position; die Preußen müßten mehr als tollkühn sein, wenn sie uns in derselben angreifen wollten.“

Die von dem augenblicklichen Standpunkte der drei Officiere vollkommen sichtbare österreichische Stellung konnte in der That unmöglich günstiger gedacht werden. Hart über dem südlichen Ausgang der in der Tiefe gelegenen Stadt ragte als Schlüssel zu derselben der bei sechshundert Fuß hohe Capellenberg empor. Ein dichter, hochstämmiger Fichtenwald zog sich nach dieser Seite etwa von dessen halber Höhe bis zum Gipfel hinaus und ging fünfzig bis hundert Schritt weiter aufwärts in ein Eichen- und Akaziengehölz über, welches sich über die ganze Kuppe dieser und der nächsten Höhen fortpflanzte. Mit Getreide bestellte, noch höhere Berge schlossen sich nach rechts oder gegen Norden in der ganzen Ausdehnung der Stadt an und fielen bei dem jenseitigen Ausgang derselben steil gegen die Aupa ab, von welchem allerdings für gewöhnlich wenig wasserreichen Flusse Trautenau von Nordwest nach Südost durchströmt wird. Das Schuß- wie das Gesichtsfeld zeigte sich von diesem Höhenzuge nach allen Richtungen völlig unbehindert und ein gewaltsames Ersteigen desselben mußte bei dem Mangel jedes Deckungsgegenstandes nahezu unmöglich erscheinen. Die Stadt an sich bildete noch ein neues Annäherungshinderniß an diese furchtbare Stellung, und die jenseitigen weit niedrigeren Höhen lagen überdies vollkommen in dem Bereich der Kanonen und unter der Beherrschung derselben. Nur ein einzelner, weiter südlich an der von Trautenau nach Königinhof führenden Landstraße und gerade gegenüber der Capellenhöhe gelegener Berg vermochte dieser Position gefährlich zu werden; allein die Lage desselben erschien andererseits doch zu entfernt und der Zugang zu demselben durch die noch österreichischerseits in Besitz gehaltene Stadt zu gesichert, als daß man vorläufig wegen desselben irgend eine ernste Besorgniß hegen sollte.

Das Gefecht schien nach dem über den Dächern der Stadt gelagerten Pulverdampf noch innerhalb derselben bei der an deren jenseitigem Ausgang befindlichen Aupabrücke und etwa bis zu der hochgelegenen Kirche und dem Marktplatz stattzuhaben. Die beiderseitige Artillerie kanonirte sich über Trautenau fort von den diesseitigen und jenseitigen Höhen. Geschlossene feindliche Abtheilungen, ja selbst einzelne Schützenzüge waren noch nirgend zu bemerken. Ueberhaupt aber trug der gegenseitige Zusammenstoß noch durchaus das Gepräge eines gelegentlichen Versuchs, die Standhaftigkeit des Gegners zu erproben, und nichts deutete preußischerseits auf die Absicht, einen ernsten Kampf herbeizuführen.

„Es ist nicht um meinetwillen, daß ich diese Beängstigung fühle,“ hatte der Major Heide mit einem kalten, gleichgültigen Blick auf die österreichische Stellung und das Gefechtsbild zu seinen Füßen auf die Bemerkung seines Freundes erwidert. „Mag mir dort oben auf dem Berge mein Ziel gesteckt sein, meinen Tod bin ich als Soldat und Officier meinem Kaiser und dem Vaterlande schuldig und für

mein Weib und meine Kinder wird der Erstere Sorge tragen. Indeß der Gedanke, daß Oesterreich in diesem Streit unterliegen sollte, preßt mir das Herz zusammen, und eine düstere Ahnung, die ich seit dem Ausbruch des Krieges schon vergeblich zu bekämpfen versucht habe, verkündet mir: es wird unterliegen."

„Na schaun's, Herr Camerad, wie sie die Preußen da unten in dem Städtel in die Presse genommen haben," ließ sich, bevor noch der Hauptmann die schlimme Muthmaßung seines Freundes zu bekämpfen vermochte, die fröhliche Stimme des Major T.... hinter den Dreien vernehmen. „Ich hab's halt ja immer behauptet, unsere Jäger werden mit den preußischen Zündnadelgewehren schon fertig werden, und auch die Bürger von Trautenau haben, wie mir der Rittmeister W..... von der Dragonern eben mitgetheilt hat, an dem Kampfe Theil genommen. Denken's an mich, Herr Camerad, binnen einer Viertelstunde ist Alles aus und zu ..."

„Was sind das für Leute, welche dort von der Stadt aus durch das Korn die Höhe hinanschleichen?" war ihm der Major Heide in's Wort gefallen.

„Wo denn? I seh' halt nix."

„Dort! Sehen der Herr Camerad nicht die schwarzen Käppis über den Halmen emporragen?"

„Bei Gott, Heide, Du hast Recht!" stimmte auch der Hauptmann E... seinem Freunde bei; „die Leute verfahren zu vorsichtig, als daß sie von den Unsern sein könnten."

„Na, wenn sie Käppis tragen, so müssen sie doch zu uns gehören. Und ich sehe halt noch immer nichts," verharrte der Major T.... bei seinem Zweifel.

„Es sind preußische Jäger," verfolgte der Major Heide seine Beobachtung, „das grüne Collet des Mannes, der sich dort halb über dem Getreidesaum aufrichtet, hebt jedes Bedenken. Schnell, Herr Camerad, lassen Sie die Schützenzüge Ihres Bataillons wider die feindlichen Plänkler ausschwärmen, bevor dieselben noch die Höhe gewonnen. Lieutenant F...., sprengen Sie zu dem Feldmarschall-Lieutenant, um ihm von dem, was hier vorgeht, Mittheilung zu machen. Vorwärts zu unserm Bataillon!"

Die ausschließlich der einen Richtung zugewandte Aufmerksamkeit der vier österreichischen Officiere hatte sie eine andere, weit nähere Gefahr ganz übersehen lassen. Bereits einen Moment, bevor Major Heide seine Begleiter auf die aus der Stadt heranschleichenden Preußen aufmerksam machte, waren unter Führung eines Capitäns einige preußische Jäger auch hinter dem einzeln vor dem südlichen Ausgang von Trautenau gelegenen Gasthofsgehöft eingetroffen. Gedeckt durch die Baulichkeit desselben, sammelten sich dort immer mehr, binnen einer Minute mochte die Zahl der daselbst zusammengestoßenen Mannschaften bereits eine Compagnie betragen. Der Führer derselben hatte sich in Begleitung noch eines zweiten Officiers und dreier Oberjäger den Zaun entlang bis unmittelbar zur Landstraße vorgeschlichen und befand sich hier von der am Saum des Fichtengehölzes vereinigten Gruppe keine fünfhundert Schritt mehr entfernt. Ein ganzes preußisches Bataillon stieg jetzt, durch eine Senkung des

Geländes der Beobachtung der Obenstehenden entzogen, aus dem Bette der Aupa empor und nahm im Laufschritt die Richtung nach dem einzelnen, der Capellenhöhe gegenüber gelegenen Berge. Die Preußen hatten den niedrigen Wasserstand des Flusses benutzt, um vermittels desselben den Gegner zu umgehen und ihm die unbeschützte Flanke abzugewinnen. Die zu große Zuversicht der Oesterreicher auf die Unzugänglichkeit ihrer Stellung stand im Begriff, ihnen die schlimmsten Früchte zu tragen.

„Mit dem Waldsaum dort oben befindet sich die feindliche Stellung in unsern Händen," äußerte der preußische Hauptmann mit einem Blick hinauf zu dem Capellenberge zu dem in seiner Begleitung befindlichen zweiten Officier. „Vorwärts denn im Laufschritt hinauf, Sie, Lieutenant Sch...., halten sich mit Ihrem Zuge links, ich werde den meinigen nach rechts ausschwärmen lassen. Gleichzeitig mit unserem Hervorbrechen mögen von Ihnen, meine Herren Oberjäger, die feindlichen Officiere dort von ihren Gäulen herabgeblitzt werden."

Das Hervorbrechen der Preußen und die Ausführung dieses letzten Befehls trafen in der gleichen Secunde zusammen. Major T.... glitt von einer Kugel durch den Kopf getroffen aus dem Sattel zur Erde, bevor seine Ungewißheit über die Feindesnähe noch gehoben worden. Eine zweite Kugel hatte den Lieutenant F... niedergestreckt. Die kriegerische Laufbahn des muthvollen jungen Mannes war beendet, noch ehe sie eigentlich begonnen hatte. Nur der Major Heide und der Hauptmann E... waren unverletzt geblieben, doch eine Secunde später bäumte des Ersteren Pferd von einer oder einigen der plötzlich gleich Hagelschlag niederprasselnden Kugeln tödtlich verwundet hoch auf und überschlug mit seinem Reiter. Nur wie durch ein Wunder war dieser noch unter dem schweren Sturz auf seine Füße gesprungen.

„Zurück, E...!" rief der tapfere Mann seinem allein noch berittenen Gefährten zu. „T.... ist todt; ich werde an seiner Statt hier den Befehl übernehmen, übernimm Du die Führung meines Bataillons. Fort, fort!"

„Auf sie mit dem Bajonnet!" An der Spitze der nächsten von der Capellenhöhe herbeigeeilten Mannschaften versuchte er durch einen Bajonnetsturm die bereits hinter den vordersten Bäumen eingenisteten preußischen Jäger wieder in das freie Feld zurückzuwerfen. Von dem furchtbaren preußischen Schnellfeuer empfangen, flüchtete der noch aufrecht verbliebene kleine Rest der Seinen die Anhöhe hinauf. Ein zweiter Versuch, mit einer von der Capelle herzugeeilten Compagnie dem Gegner den gewonnenen Boden wieder zu entreißen, trug keine bessere Frucht. Der Sturmlauf stockte schon nach den ersten Schritten, Mann an Mann brach unter den sicheren, auf kaum fünfzig Schritt Entfernung abgegebenen Schüssen zusammen. Nur das Leben des Majors erschien wie gefeit; die Zielscheibe so vieler Büchsen, war er doch bisher noch völlig unverletzt geblieben.

„So recht, meine Herren Jäger," vernahm man aus der jenseitigen Feuerlinie die Stimme des preußischen Führers, „ruhig gezielt und scharf geschossen. Gebt's ihnen! Doch nun vorwärts, hinauf zu der Capelle. Die feindliche Stellung muß von uns genommen werden. Ausgeschwärmt! Feuer, Feuer!" Ein ganzes

österreichisches Bataillon war der einen preußischen Compagnie entgegengetreten. Der österreichische Major schien sich, die Feuerlinie der Seinen auf- und abfliegend, zu verdoppeln. Dem preußischen Führer war bei dem vorigen Vordringen die rechte Hand zerschmettert worden; er warf den Degen in die Linke. „Festgestanden!" übertönte sein Zuruf das Knattern des Gewehrfeuers und den plötzlich über die ganze Ausdehnung des Höhenzuges losgebrochenen Donner des Geschützes. „Die preußischen Grünen werden sich von diesen Oesterreichern doch nicht werfen lassen wollen!"

„Hurrah, Hurrah!" Ein preußisches Bataillon stürmte von dem Gasthofsgehöft die Anhöhe hinan. Die Oesterreicher, von einem furchtbaren Feuer überschüttet, wichen ruckweise immer weiter zurück. „Hurrah, Hurrah!" jubelte es jetzt auch von dem der Capellenhöhe gegenübergelegenen Bergrücken. Der Gipfel der ersteren war erklommen, über die ganze Ausdehnung des von der Capelle anhebenden Höhenzuges knatterte das Gewehrfeuer, bereits hatten die auf den freien Bergkuppen weiter abwärts aufgefahrenen österreichischen Batterien, um nur von den plötzlich vor ihnen wie aus der Erde auftauchenden Preußen nicht genommen zu werden, ihre bisherige Stellung aufgeben müssen.

„Steht! Haltet aus!" Von dem Major Heide war auf der Plattform um die Capelle ein letztes Häuflein der Seinen zusammengerafft worden. „Hoch der Kaiser!"

„Hoch der Kaiser!" Neue österreichische Massen hatten auf dem jenseitigen Abhang des Berges die Capelle erstiegen. Von dem unerwarteten Andrang sahen sich die Preußen bis beinahe wieder zu dem Saume des Fichtengehölzes zurückgeworfen, doch auch ihnen kam Unterstützung. Hin und wieder, jetzt im scharfen Feuergefecht, jetzt im Zusammentreffen mit blanker Waffe, wogte das Gewühl. Plötzlich schmetterte mit hohlem Sausen von links her eine Granate durch die Wipfel der Bäume und Schlag um Schlag sendete das Geschütz seine eisernen Boten herüber. Die Preußen hatten auf der einzelnen Höhe gegenüber dem Capellenberge eine Batterie aufgefahren, und von deren Feuer in die Flanke gefaßt, konnten die Oesterreicher auf dem ersteren nicht länger halten. Mit einem letzten Sturm ward preußischerseits die Höhe erstiegen und der Feind von derselben herabgeworfen. –

Der Kampfeslärm war seit lange verhallt, die Schlacht in die Ferne gezogen. Nur das Stöhnen der Verwundeten und das Röcheln der Sterbenden unterbrachen das unheimliche Schweigen, das sich über die Capellenhöhe gelagert hatte. Zu vielen Hunderten, wo nicht Tausenden, lagen die Todten und Wunden im Gehölz und auf der Plattform vor dem kleinen Gotteshause ausgestreckt. Selbst in diesem aber hatte der Tod seine grause Ernte gehalten. Die Thür sperrte weit aus ihren Angeln; zwanzig Leichen deckten den Boden, hundert Kugelspuren zeigten sich über die Wände zerstreut. Sogar die Orgel und der Hochaltar mit dem heiligen Tabernakel waren von den Wirkungen des furchtbaren Kampfes und der allgemeinen Verwüstung nicht verschont geblieben.

„Hier gleich links von der Capelle muß es sein, wo unser Hauptmann gefallen ist," äußerte eine Stimme. Drei preußische Jäger waren, mühsam den Berg em-

porklimmend, aus dem dichten Unterholz auf die freie Plattform vor dem kleinen Gotteshause hinausgetreten.

„Ja, ganz recht, dort liegt er, den Degen noch fest in die linke Faust gepreßt und die Brust dem Feinde zugewendet. Verdammt die tückische Kugel, die seinem Heldenleben ein Ende gemacht hat! Einen braveren Officier als unsern Hauptmann besitzt die ganze preußische Armee nicht mehr."

„Der müßte lügen wie ein Schelm, wer es anders sagen wollte," stimmte einer der andern beiden Jäger ein. „Aber seht doch! Da, keine zehn Schritt entfernt, lehnt an der Mauer der Capelle auch der österreichische Hauptmann oder Major, welcher uns bei dem Sturm des Berges so viel zu schaffen gemacht hat."

„Er ist ebenfalls schon kalt und steif," bemerkte der dritte Jäger, von einer Untersuchung des Leichnams emporblickend. „Aber was bedeutet denn das? Statt des Degens hält dieser Todte hier einen Bleistift in der Hand. Und seht doch hier an der Wand! Mit zitternder Hand hat der Sterbende seinen letzten Willen an dieselbe geschrieben."

„Lies doch, lies: ‚Major Heide. Hier will ich ruhen.'"

„Cameraden," hatte sich der erste Jäger an die andern beiden gewendet, „weiß Gott, auch dieser österreichische Officier war ein tapferer Mann. Sein letzter Wunsch soll ihm erfüllt werden. Wißt Ihr, die Beiden, unser Hauptmann und er, sollen gleich hier auf dieser Stelle unmittelbar an der Mauer der Capelle in Einem Grabe ruhen. Seid Ihr einverstanden? Nun, dann faßt an, die Gruft auszuwerfen. An Werkzeug dazu kann es uns hier ja nicht fehlen. – So! Jetzt legt die Todten hinein und schaufelt die Erde über sie. Noch ein Kreuz von Tannenzweigen zu ihren Häuptern und ein stummes Gebet. Mögen sie ruhen in Frieden! Und nun fort zu unserm Bataillon. Hört Ihr, das Gefecht entbrennt von Neuem? Wer weiß, ob nicht nach wenigen Stunden schon uns irgendwer den gleichen Dienst, wie wir diesen hier, leisten wird." – Noch heute sieht man die vom österreichischen Hauptmann gekritzelten Worte an der Capellenwand.

P.

Am 3. Juli 1866 wurde in der Zeitung ein Feldpostbrief von einem Teilnehmer der Kämpfe bei Trautenau veröffentlicht:

Ich bin gesund ohne Verwundung davongekommen. Wir rückten gestern Nacht 2 Uhr aus, kamen um 10½ Uhr bei Trautenau in das Gefecht und blieben bis nach 8 Uhr Abends im Gefecht. Es war ein furchtbarer harter Kampf, indem die Österreicher nacheinander drei verschiedene Korps uns gegenüberstellten, während wir immer mit denselben Truppen des 1. Armeekorps im Gefecht bleiben mußten. Wie es heißt soll zunächst Benedek selbst kommandiert haben. Unsere Verluste sind bedeutend, wie dies unter den oben geführten einer so tüchtigen Armee, wie der Österreichischen gegenüber, nicht anders möglich ist und namentlich haben das 3. und 4. Infanterie Regiment, sowie auch das Littauische Dragoner Regiment große Verluste erlitten.

In Trautenau wurde aus den Fenstern von Bürgern auf uns geschossen und siedendes Wasser und Öl gegossen. Wir haben den Bürgermeister und 15 Leute aus der Stadt eingefangen, die mit den Waffen in der Hand angetroffen wurden. In Trautenau selbst war – als ich es später durchritt – keine Fensterscheibe ganz: Alles zerschlagen und zerschossen, die Stadt war nicht wiederzuerkennen, so fürchterlich hatte hier der Straßenkampf gewütet.

Daß ich so unversehrt davongekommen bin, ist ein vollständiges Wunder. Der liebe Gott hat sichtlich über mir und den Leuten meines Zuges gewacht.

Abends um 6 Uhr bekam ich den Befehl, durch die Stadt zu gehen und jenseits zu recognosciren. Es war etwa 700 Schritt jenseits der Stadt ein hoher Bergrücken, an dessen einem Ende ein Dorf in einem Tal lag. Nach der anderen Seite zog sich der Berg, soweit man sehen konnte. Ich bekam den Auftrag, mit meinen Zug schwärmend bis auf den Berg zu gehen, hinüber zu sehen und dann noch das links liegende Dorf abzusuchen. Derjenige, der etwas gesehen, sollte sofort kehrt machen und zurück melden. Ich ging nun im scharfen Galopp über die Ebene bis an den Berg, ohne das ein Schuß fiel. Sowie ich jedoch auf den Berg kam, hagelte es uns mit Kartätschen und Granaten entgegen, und ich sah, daß unmittelbar hinter dem Berg eine Batterie und Dragoner entgegen. Ich ritt mit Sergant F. zusammen und die erste Granate krepirte auf zehn Schritt von mir, dann gleich hinterher etwa fünf Schritt weiter wieder eine, beide ohne uns zu beschädigen.

Nun kommandierte ich „Links um!“, und wie auf den Exerzierplatz im größten Feuer gingen die Flankeurs nach dem Dorf hinunter. Hier – etwa fünfzig Schritt vor dem Dorf – überschlug sich mein Pferd, wahrscheinlich hat es sich vor einer dicht vor ihm einschlagenden Kugel erschreckt, und ich lag einen Moment unter dem Pferd. Sofort waren meine Leute bei der Hand und halfen mir, indem sie sagten: „Wo unser Leutnant bleibt, da bleiben wir auch.“ Mein Pferd war nicht beschädigt. Nun ging es an das Dorf heran, sowie wie aber zwischen den ersten Häusern waren, bekamen wir eine Salve von einer Flanke aufgestellten Kompagnie. Meinen Auftrag hatte ich nun vollständig erfüllt und kehrte deshalb noch mal durchs Geschützfeuer zurück.

Von meinen ganzen Zug ist kein Glied verletzt. Ein Mann stürzte beim Zurückgehen, lag unter dem Pferd und konnte sich – als die Dragoner uns verfolgten – nicht anders retten, als das er mit dem Säbel den Sattelgurt zerschnitt und auf dem bloßen Pferd nachkam. Ein anderer verlor die Lanze, hielt still und nahm mitten im dichtesten Kartätschenfeuer die Lanze wieder auf. Eben ziehen vom 3. Infanterie Regiment wieder Leute nach vorn, Eine Kompagnie, die gestern bedeutenden Verlust erlitten, sang:

„Für den König zu sterben ist unsere Lust, das ist uns Preußen wohl bewußt!“ Ich gebe Dir die Versicherung: Die Tränen traten mir in die Augen. Als dieses Lied, von diesen Leuten singen hörte und dabei sah, mit welchem freudigen Ernste sie dem Feind entgegengingen.

Wir haben gestern zwanzig Stunden auf dem Pferd gesessen. Ich möchte mich gerne noch etwas mir Dir unterhalten, es tut mir so überaus wohl, aber ich bin es nicht imstande. Die uns gegebene Ruhe muß man zur Stärkung benutzen.

Lebe wohl!

In der „Leipziger Allgemeinen Zeitung“ vom 6. Juli 1866 wurde der Brief eines preußischen Einjährigen vom Gardefüsilier-Regiment an seinen Bruder über die Geschehnisse von Trautenau abgedruckt. „Unser Regiment mit den Jägern und den Füselierbataillon des 2. und 1. Garderegiments, bildete die Advantgarde.“

Unter der Überschrift „Nochmals das Cavallerie-Gefecht bei Trautenau am 27. Juni 1866“ wurde in der „Österreichischen Militärischen Zeitschrift“ eine richtig stellende Darstellung von Oberst Prinz Ludwig Windisch-Graetz, 1866 Kommandant von Windisch-Grätz, inzwischen Kommandant von Savoyen-Dragoner, abgedruckt, die sich mit den Gefechten bei Trautenau am 27. Juni 1866 befasst. Der Beitrag ist ausgesprochen ausführlich und militärisch detailgetreu. Oberstleutnant Meding, 1866 Major bei Windisch-Graetz, gegenwärtig Oberstlieutenant bei Savoyen-Dragoner, und Oberst v. Kutschenbach, Oberst und gegenwärtig Kommandant des Grafen St. Quentin 8. Uhlanen-Regiments, 1866 Oberstlieutenant im Dragoner-Regiment Fürst Windisch-Graetz Nr. 2, bestätigten am Ende des Beitrags die Darstellung von Prinz Ludwig Windisch-Graetz. Einleitend heißt es:[58]

Am Tage von Trautenau wurde das 1. Echelon des litthauischen Dragoner-Regiments Nr. 1 (Prinz Albrecht von Preußen) — drei Züge der 1. Escadron — vom Gegner, hinter einem tief eingeschnittenen Hohlwege stehenden Fußes mit einer Salve empfangen. Die Litthauer übersprangen fliegend das Hinderniß und durchbrachen den Gegner. Die beiden folgenden Escadrons (die 3. und 5.) attakirten ebenfalls in vollem Laufe, und zwar die letzte (5. Escadron), nachdem sie eine Schwenkung halblinks vollführt hatte, um einer Flankirung des stärkeren Feindes zu begegnen. Hierauf kam es zu einem mehrere Minuten dauernden, hartnäckigen, sich im Kreise drehenden Handgemenge, in welches schließlich von Feind und Freund einkreuzendes, so wirksames Infanterie- und Artillerie-Feuer gerichtet wurde, daß beide Gegner sich gleichzeitig trennten. Die litthauischen Dragoner-Escadrons gingen demnächst einige hundert Schritte zurück und rangirten sich auf dem Gefechtsfelde im Bereiche des feindlichen Infanterie-Feuers. Später nahmen sie bei der 4pfündigen Batterie (Magnus) des ostpreußischen Feld-Artillerie-Regiments Nr. 1, welche südwestlich von Trautenau postirt war, zur Deckung derselben Stellung, nachdem auf Anordnung des Rittmeisters Hagen unsere auf der Wahlstatt liegenden Verwundeten aufgenommen und nach dem Verbandplatze geführt waren.

Nach den officiellen Listen haben am 27. Juni bei Trautenau verloren: das kaiserliche Dragoner-Regiment Windischgrätz Nr. 2: 2 Officiere, 43 Mann, 58 Pferde; das kaiserliche Uhlanen-Regiment Mensdorff Nr. 9: 8 Pferde, also in Summa: 2 Officiere, 43 Mann, 66 Pferde, und darunter als Gefangene: 27 Mann, 10 Pferde.

Das litthauische Dragoner-Regiment Nr. 1 (Prinz Albrecht von Preußen dagegen: 4 Officiere, 75 Mann, 64 Pferde, darunter 1 Mann vermißt, und unter den

[58] Österreichische Militärische Zeitschrift, redigiert und hrsg. von Valentin Ritter v. Streffleur, k. k. General-Kriegs-Commissär, X. Jahrg., 1. Bd., Wien 1869, S. 53 ff.

Verwundeten 27 so leicht, daß sie in Reih und Glied hergestellt sind, und somit nicht kampfunfähig waren.

Das k. k. 28. Feldjäger-Bataillon berichtete über seinen Auftrag im Feldzug 1866 bereits im Band 5 des militärisch-belletristischen Wochenblatts „Der Kamerad“ (1866). Trautenau war für die Soldaten dieses Bataillons nur eine Etappe:[59]

Aus dem Stamm des einstigen siebenbürgisch=sächsischen Freiwilligen=, spätern 23. Feldjäger=Bataillons gebildet, hatte der Rahmen, in den das neu zu errichtende 28. Bataillon gefügt werden sollte, die Erinnerungen an Hermannstadt, Stolzenburg, Groß=Scheuren, Elisabethstadt. Salzburg, Mühlbach, Broos, Pisky, Kapos, Medwisch, Schäßburg, Zeiden, Szemerja, Miko Ujfalu, Bückszád und Karlsburg aus der Revolutionsepoche 1849, an Valencia, Magenta und Solferino aus dem italienischen Kriege 1859 als heiliges Vermächtnis, von der Stammmutter mitgebracht, und sich gelobt, den ererbten guten Namen rein und fleckenlos zu erhalten, als heiliges Palladium zu wahren.

Bald nach beendeter Aufstellung erhielt das Bataillon die Bestimmung nach Italien, hier ward es, in Folge des öfteren Stationswechsels, verschiedenen Korps und Brigaden zugetheilt. machte im Sommer 1864 unter seinem spätern Korps=Kommandanten FML Baron Gablenz und in der Brigade des GM. Ritter von Weckbecker die erste Lagerperiode bei Rivoli mit.

Sowohl während dieser, als auch in der früheren und späteren Zeit hatte das Bataillon das Glück, stets die Zufriedenheit und das Wohlwollen seiner Vorgesetzten zu ernten, aber unter allen seinen Vorgesetzten war wohl keiner, der es lieber gehabt hätte, als sein Brigadier aus den Jahren 1864—1866, dieses war SM. Ritter von Weckbecker, in ihm liebte und verehrte das Bataillon seinen unermüdlichen Lehrer und Unterrichter, den einsichtsvollen Leiter und Führer, den wohlwollenden und nachsichtigen Freund; das Jahr 1865 brachte das Bataillon unmittelbar unter die Augen seines geliebten Generals nach Rovigo, und hier war es besonders, wo das Bataillon und namentlich seine Offiziere das Meiste gelernt haben, denn der Brigadier strebte rastlos darnach, das Bataillon kriegstüchtig heranzubilden, und derselbe wurde von seinem unermüdlich arbeitenden Generalstabsoffizier Hauptmann Graf Nexküll in dieser schweren Arbeit thatkräftigst unterstützt.

Das Bataillon kann nur bedauern, daß es nicht so glücklich gewesen, in diesem letzten Feldzuge unter den Augen seines allgemein so hochgeachteten Lehrers gekämpft zu haben, um ihm den Beweis zu liefern, daß sein Mühen, sein Wirken nicht vergeblich gewesen, um ihm den Lohn seines rastlosen Wirkens in seinem sich erkämpften Ruhme darzubringen, dieses wäre wohl der schönste Dank gewesen, den es ihm hätte zollen können.

Im April d. J. schied das Bataillon aus der Brigade — die Abschiedsfeier, die das Bataillon, respektive das Offizierskorps, seinem Brigadier veranstaltete, war

[59] „Das k. k. 28. Feldjäger-Bataillon im Feldzuge 1866“, in: Der Kamerad – Österreichische Militär-Zeitung, Bd. 5, Wien 1866, S. 1071 f.

eine gehobene, tiefgefühlte — und kam nur auf kurze Zeit nach Verona, um bald darauf zur Nordarmee eingetheilt zu werden; diese seine neue Bestimmung ward mit allgemeinem Jubel begrüßt.

Mit einer 14tägigen Marschunterbrechung traf das Bataillon am 29. Mai in Schlappanitz und Konkurrenz nächst Brünn ein, erwartete hier die Einrückung seiner Ergänzungen aus Siebenbürgen, welche auch am 31. Mai und 6. Juni in solcher Zahl eintrafen, daß das Bataillon über 900 Mann zählte.

Die nun folgende Beschäftigung und das endliche weitere Vorrücken übergehen wir, und versuchen die Leistungen des Bataillons in diesem kurzen Feldzuge flüchtig zu berühren.

Nach einem Rasttage, am 26. Juni in Stern nächst Dubenec, erhielt die Brigade GM. Ritter von Knebel, zu der das Bataillon nunmehr gehörte, den Befehl, am 27., Vormittags 10 Uhr, sich gegen Trautenau in Marsch zu setzen, das Bataillon war der Brigade Avantgarde.

In Schurz angelangt, wo wir rasten sollten, hörten wir von Nachod her Kanonendonner, auch sah man von dem hochgelegenen, hier vorbeiführeden Eisenbahndamme einzelne Bewegungen unserer Truppen.

Es mochte 2 Uhr Nachmittags gewesen sein, als sich die Nachricht verbreitete, auch unser Korps sei, in der Brigade Mondel, seit früh bei Trautenau engagirt und die Brigaden GM. Wimpffen und Oberst Grivičić nun gleichfalls nahegerückt, bald darauf setzte sich auch unsere Brigade, die letzte des Korps, gegen Trautenau in Marsch.

Vorrückend hörten wir nun auch uns entgegen Kanonendonner, es begegnet, uns eine beträchtliche Zahl Verwundeter von der Brigade Mondel, alle waren frohen Muthes und bemüht, unsere Jäger anzufeuern; dieses Bild, so traurig es war, wirkte auf den guten fröhlichen Geist unserer Jäger durchaus nicht niederschlagend, man sah es jedem einzelnen an, daß er den Augenblick mit Ungeduld erwartete, indem er sich mit dem Feinde werde messen können.

Im Dorfe Burgersdorf (wenn wir nicht irren) legte die Mannschaft die Tornister ab, um leichter und schneller vorwärts zu kommen, und um — selbe nie wieder zu sehen; es ging in beschleunigtem Tempo dem Kanonendonner immer näher, indem nun auch von anderen Brigaden Verwundete bei uns vorbei passirten.

Auf der Chaussee, welche hier über gebirgiges Terrain führt, bis über Neu=Rognitz vorgerückt, erhielt die Brigade den Befehl, hier als Reserve stehen zu bleiben, wir nahmen demnach Stellung; engagirt waren die Brigaden: Mondel, Wimpffen und Grivičić.

Der Feind, das preußische 1. Armeekorps unter Bonin, brachte stets neue Kräfte in's Gefecht, und die Unseren, die lange den, wir möchten sagen hier den Schlüssel der ganzen Stellung bildenden Johannisberg und dessen Kapelle vergeblich zu erstürmen sich abmühten, schienen zu weichen. In diesem kritischen Momente entschloß sich unser Brigadier, gegen den erhaltenen Befehl in's Gefecht einzugreifen, das Bataillon, den rechten Flügel der Brigade bildend, formirte sich in der Divisions=Massenlinie und rückte vor.

Den vor uns gelegenen, vom Feinde stark besetzten bewaldeten Höhen näherkommend, erscholl das Signal „Sturm“. Mit „Hurrah“ ging's wie auf ebenstem Exerzirplatz, wie bei der Parade, mit gefälltem Bajonnete auf den Feind, der, aus seiner Stellung geworfen, sich zurückzog: das 1. Infanterie=Regiment Kaiser Franz Josef hatte den Johannisberg zu nehmen.

Nach diesem unserem ersten glücklichen Sturme ordnete der Bataillons=Kommandant, Major Schlossarek, um dem links von uns operirenden Infanterie=Regimente Nr. 1 sein Vorgehen zu erleichtern und vorzubereiten, eine Seitenbewegung nach „rechts“ an, bald darauf stürmten wir erneuert und rückten, den Feind vor uns hertreibend, rasch vorwärts, ihm nirgends Zeit lassend, neue Stellung zu nehmen.

Nur allzufrüh verlor das Bataillon seinen geliebten Kommandanten Major Schlossarek, am Fuße schwer, aber nicht lebensgefährlich verwundet, und in Hauptmann Franz Sebastian, durch die Brust geschossen, einen seiner tüchtigsten und beliebtesten Offiziere; dem Ersteren war das Glück nicht vergönnt, die großartigen, für den Tag den Ausschlag gebenden Resultate der von ihm angeordneten, scheinbar unbedeutenden Seitenbewegung selbst zu sehen, durch jenes Manöver gelang es dem Infanterie=Regimente Nr. 1, den Feind, der seine Rückzugslinie gefährdet sah, vom Johannisberg zu werfen, diesen zu besetzen und somit das Gefecht des Tages zu entscheiden

Das 28. Jägerbataillon hatte seine Bluttaufe erhalten und seines Stammes würdig bestanden, das im Vorjahre in Rovigo ausgestreute, mit so vieler Mühe gehegte und gepflegte Samenkorn war in Böhmens Norden, im Riesengebirge nun zur schönsten Frucht gereift!

Nach fast siebenstündigem forcirten Marsche hatte das Bataillon auch beinahe vier Stunden im heftigsten Feuer gestanden, bergauf, bergab stürmend den Feind trotz Zündnadelgewehr aus vier Positionen, wobei der Vortheil stets auf Seite des Feindes war, mit blanker Waffe geworfen, es hatte den Triumph gehabt, des Feindes Rücken gesehen zu haben!

Groß war der Erfolg des Tages, größer die Opfer, womit er erkauft worden! Der lebensfrohe, tüchtige, zu den schönsten Hoffnungen berechtigende Lieutenant Josef Edler von Grolle hatte bei dem letzten Sturme den Heldentod gefunden. Major Schlossarek und Hauptmann Sebastian waren schwer, Oberlieutenant Lorenz leicht verwundet, an Todten und Verwundeten zählte das Bataillon 8 Oberjäger und über 200 Mann.

Es ward Nacht, und das Bataillon bezog in der eben innehabenden Stellung das Bivouak, später, vom Regimente Kaiser Alexander Nr. 2 abgelöst, lagerte der rechte Flügel, 1., 2, und 3. Kompagnie, in der Trautenauer Vorstadt Krablitz, der linke, 4., 5. und 6. Kompagnie, nördlich dieser Vorstadt, vom rechten Flügel durch ein kleines Wasser getrennt.

Die Vereinigung mit der Brigade fand am 27. nicht mehr statt.

Als in dieser Nacht einige Offiziere des Bataillons in Trautenau nach Lebensmitteln suchten, trafen sie den Korps=Kommandanten auf dem Platze, der sich über das Bataillon höchst belobend aussprach und über seine Leistungen, die er angesehen, seine Zufriedenheit ausdrückte. —

Am 28. Juni Früh kam der Brigade=Adjutant Oberlieutenant Chlumetzki des 18. Jäger=Bataillons und brachte dem Interims=Bataillons=Kommandanten Hauptmann Theodorovich den Befehl, ihm mit dem Bataillon zur Brigade zu folgen.

Durch die Verwundung des Majoren und des Hauptmannes Sebastian kommandirten am 27. und den folgenden Tagen die 1. Division Hauptmann Mathiae, die 2. Division Hauptmann Melas und die 3. Hauptmann Fabini.

Der Brigade=Adjutant fand den Interims=Bataillons=Kommandanten im Bivouak des rechten Flügels, wo er gerade mit den Kompagnie=Kommandanten an der Gefechtsrelation vom gestrigen Tage arbeitete; er avisirte den Hauptmann Fadini, sich mit seinen 3 Kompagnien sogleich anzuschließen, und rückte mit dem rechten Flügel, der gestern das Meiste geleistet und die größten Verluste gehabt hatte und heute nicht mehr als 200 Mann stark war, ab; Fabini folgte, konnte jedoch nicht anschließen, weil das Infanterie=Regiment Bamberg zwischen ihm marschirte, und verlor die Verbindung bald ganz.

Als der rechte Flügel durch Trautenau marschirte, setzte sich ein Theil des Korpstrains, mit ersterem gleiche südliche Richtung nehmend, in Bewegung.

Aus den südlich von Trautenau sich erhebenden Höhen angelangt, war der Kanonendonner, den man, ohne genau den Kampfplatz zu wissen, schon früh hörte, immer näher gekommen, und es war ein Bild großer Verwirrung zu sehen; die Avantgarde des Korps, welche Befehl zum Rückmärsche erhallen hatte, war ans das preußische Gardekorps gestoßen und hatte ein Gefecht engagirt; als der rechte Flügel, 1., 2, und 3. Kompagnie, jene Höhen erstiegen hatte, fuhren eben Munitionskarren und Wägen des Trains eiligst gegen Trautenau, diesen entgegen kamen die Wägen aus der Stadt, Proviantwägen mit Brod beladen, lagen in den Chausseegräben umgeworfen, die Wägen hatten sich beinahe verfahren, die Verwirrung war groß, die Gefahr noch größer!

Die Fußtruppen zogen sich zurück.

In diesem Augenblicke meldete der Brigade=Adjutant, daß die Brigade nicht mehr hier, und er auch nicht wisse, wo sie sei; Hauptmann Theodorovich, einsehend, daß hier nur energisches rasches Eingreifen frommen könne, antwortete dem Brigade=Adjutanten: „Suchen Sie die Brigade auf, mich finden Sie dort, wo geschossen wird.“

Mit seinem kleinen Häuflein eilte er nun über die Chaussee und warf sich in einen hochstämmigen jungen Fichtenwald, wo sich noch eine Abtheilung von Parma=Infanterie befand.

Unterdessen war der Feind bis über Neu=Rognitz vorgedrungen, die Kühnsten unter ihm befanden sich schon zwischen unseren Wägen, da beschloß der Kommandant der drei Kompagnien, auf Neu=Rognitz einen Bajonettangriff zu wagen, und forderte den Kommandanten der Infanterie=Abtheilung auf, ihm als Unterstützung zu folgen.

Das Signal „Sturm" ertönte, das Echo im Walde gab es schaurigernst wieder, die drei Kompagnien stürmten, von ihren Kommandanten geführt, gegen das Dorf, warfen den Feind aus demselben hinaus, besetzten und vertheidigten es durch länger als zwei Stunden und gewannen hierdurch dem Train Zeit, abzufahren und sich zu retten.

So wie am Vortage hatten auch heute die beiden Subalternoffiziere Oberlieutenant Karl Maierhofer und Unterlieutenant Friedrich Müller sich besonders hervorgethan und durch ihr umsichtiges, tapferes und aneiferndes Beispiel der Mannschaft vorgeleuchtet und sie zum Ruhme geführt.

Das Verdienst, den größten Theil des Korpstrains vor feindlicher Wegnahme gerettet zu haben, gebührt zunächst unbestritten dem Hauptmann Theodorovich als Leiter und Kommandanten des Ganzen, dann aber dem Kommandanten der 3. Kompagnie, den Subalternoffizieren, Chargen und Mannschaften derselben, dem Hauptmann Theodorovich, weil er, statt die Brigade aufzusuchen, wie ihm befohlen worden, gegen diesen Befehl handelte und dabei ein so unerwartet günstiges, in seinen Holzen großes Resultat erzielte, den Uebrigen aber, weil sie ihn in Ausführung seiner Anordnungen thatkräftigst unterstützten und zur Erzielung dieses günstigen Resultates wesentlich beitrugen.

Nachdem der Train außer Sicht und die drei Kompagnien ungefähr 2 Stunden den Ort behauptet hatten, langte der Befehl an, zurückzugehen und sich an das Infanterie=Regiment Parma, der Brigade Mondel, anzuschließen, auch jetzt übernahmen diese drei Kompagnien freiwillig die schwere Aufgabe, den Rückzug zu decken, der nun, ohne vom Feinde gedrängt oder auch nur stark belästigt zu werden, gegen Arnau angetreten und ausgeführt wurde.

In Pilnikau vereinigten sich diese drei Kompagnien mit der Brigade, nach kurzer Rast ging es weiter über Königseck südwestlich von Arnau, wo das ganze Korps ein Freilager bezog, hier rückte gegen Abend Hauptmann Fabini mit seinen drei Kompagnien zum Bataillon ein.

Am 29. Früh trat das ganze Korps den Rückzug gegen Königinhof an, die Brigade Mondel war Arrieregarde.

Als wir in Königinhof, wo wir die Brigade Fleischhacker vom 4. Armeekorps zur Deckung unseres Rückzuges fanden, rasteten, langte die Nachricht an, der Feind sei im Anmärsche begriffen, es wurde „Vergatterung" geblasen und der weitere Rückmarsch auf die Höhen bei Daubrawitz und Liebethal angetreten.

Um Fuße dieses Höhenzuges, der das Elbethal im Süden begrenzt und sich ziemlich steil erhebt, führt die Eisenbahn vorüber, und die Chaussee ersteigt in Serpentinen die Höhe, hier nahmen wir Stellung und sahen, wie der Feind von den nördlich von Königinhof sich erhebenden Höhen herabstieg, wo ihn das Infanterie=Regiment Graf Coronini erwartete.

Bald darauf wurden wir weiter zurückgezogen, um gegen Dubenetz zu gehen, von hier brachen wir am 30. Früh wieder auf, nahmen auf den Höhen nochmals Stellung, rückten Abends nach Stern in's Bivouak ein, um am 1. Juli über Miletin u. s. w. gegen Königgrätz abzurücken. Am selben Tage bezog das Bataillon südlich von Rosberitz mit 14 Kompagnien, und die 1. Division bei dem Meierhofe zunächst Langenhof das Lager, um am 2. Rasttag zu halten.

Am 3., ungefähr ½6 Uhr Früh, rückte das Bataillon aus seinen Lagern ab, gegen den Ort Ober=Dohalitz. Gegen ½8 Uhr fielen die ersten Kanonenschüsse in der rechten Flanke, wo Sadowa lag.

Die 3. Division, Hauptmann Fabini, erhielt den Befehl, im Eilschritte vorzugehen, um den vorliegenden Ort Ober=Dohalitz vor dem Feinde zu besetzen, die 2. Division, Hauptmann Melas, ging weiter rechts, während die 1. Division, Hauptmann Mathiae, den beiden als Unterstützung folgte. Der Ort ward unbesetzt gefunden, und das weitere Vorgehen bis Unter=Dohalitz anbefohlen.

Dieser Ort liegt am linken Ufer der Bistritz am Bergabhange, und vor demselben liegt am rechten Ufer dieses Flusses im Bistritzthale die große Zuckerfabrik, wenn wir nicht irren, im Besitz eines Herrn Urbanek.

Der Hof der Fabrik ist mit Bretterplanken umfriedigt, und es befinden sich an Gebäuden dann: a) An der nordwestlichen Seite ein langes ebenerdiges Holzgebäude mit Ziegeln gedeckt, Arbeiterwohnungen und Magazine; b) an der westlichen Seite ein großes, einstöckiges, solid gebautes Haus, die Wohnung des Direktors und die Kanzleien, und c) mitten im Hofe das zwei Stock hohe fest und feuersicher gebaute Fabriksgebäude. a war von der 3., b von der 2. und c von der 1. Division besetzt; im Hofe standen noch 1 Bataillon von Kaiser=Infanterie und 1 Bataillon von Erzherzog Karl=Infanterie, rechts vom Bataillon war das 3. Korps u. s. w., die Aufstellung ist bekannt.

Ungefähr 500 Schritte nordwestlich von der Fabrik lagen mehrere Ziegel» öfen, die der Feind stark besetzt hatte, ohne das Bataillon von hier aus zu belästigen.

Länger als zwei Stunden donnerte hier nur Artilleriefeuer, nur zeitweise fiel ein Kleingewehrschuß aus dem Fabrikshofe, wenn sich im Schußbereiche Feinde zeigten, während in Sadowa der Kampf des Fußvolkes ein heftiger sein mußte, wie aus dem Gewehrfeuer zu schließen war.

Wenn wir nicht irren, so war es die Brigade Prohaska vom 3. Korps, die uns zunächst stand, diese zog sich auf die rückwärts gelegene stark besetzte Anhöhe zurück und gab hierdurch des Bataillons rechte Flanke frei, der Feind benutzte diese Gelegenheit, und indem er gegen unsere linke und rechte Flanke Bewegungen machte, zwang er das Bataillon durch Bedrohung seiner Rückzugslinie, das Fabriksgebäude zu räumen, ohne daß er auch nur einen einzigen Angriff auf dasselbe unternommen hätte.

Der Rückzug, in der größten Ordnung begonnen, nahm zwar an Eile zu, jemehr der Feind drängte, ohne jedoch in Unordnung zu gerathen, und ging die Anhöhen hinauf, wo das Bataillon von neuen Truppen aufgenommen, nunmehr in's zweite Treffen kam.

Wir wollen nun den weiteren Verlauf dieser ewig denkwürdigen und für die Armee so unglücklich beendigten Schlacht bei Königgrätz, als hinlänglich bekannt, übergehen und nur noch erwähnen, daß das Bataillon, nachdem sich der Feind in Chlum schon festgesetzt hatte, in der Brigade diesen Ort erstürmen sollte, aber durch das Vorrücken der Feindlichen Kavallerie hieran gehindert wurde, und kaum so viel Zeit hatte, in die Karreestellung überzugehen und den Reiterangriff zurückzuweisen, der an der Chaussee bei Rosberitz stattfand.

Im Uebrigen theilte das Bataillon das traurige Geschick der ganzen tapferen Armee.

Wenn wir nun die Gesammtverluste des Bataillon aus diesem 8tägigen Feldzuge rekapituliren, so finden wir solche enorm, an Offizieren waren todt: Lieutenant v. Grolle, Oberlieutenant Lorenz; schwer vermundet: Hauptmann Sebastian (am 18. Juli seiner Wunde in Brünn erlegen) Oberlieutenant Maierhofer soll in Folge einer Amputation in Berlin gestorben sein; Lieutenant Skopek seiner Wunde in Trautenau erlegen, also 5 Todte. Major Schlossarek, Lieutenants Herlth, Schneider und Gfrörer, 4 Verwundete. Hauptmann Mathiae Perkovic, die Lieutenants Stwertecky und Czenger waren in Gefangenschaft gerathen, also Totalverlust an Offizieren 13; der Verlust der Mannschaft an Todten, Verwundeten und Gefangenen war auch sehr groß.

Das junge Bataillon hatte sich seines Stammes würdig gezeigt, und trotz der so unglücklichen und schweren Schicksalsschläge, den guten Ruf der österreichischen Jäger gewahrt und nach Kräften vermehrt.

Die Grenzboten, 1866: „Der Feldzug des Kronprinzen"

Die Grenzboten – Zeitschrift für Politik und Literatur gaben bereits im Ereignisjahr 1866 eine kompakte und umfassende Darstellung von den Vorgängen auf den Schlachtfeldern in Ostböhmen. Im vierten Band verlautete:[60]

Der Feldzug des Kronprinzen.

Zum Anhalt für die Beurtheilung der Thätigkeit der zweiten Armee liegt ein inzwischen bei Bath in Berlin erschienenes kleines Buch vor „Die Theilnahme der zweiten Armee u. s. w.", das anscheinend aus officieller oder officiöser Feder stammt und deshalb für Zeiten, Zahlen und erlassene Befehle uns eine Autorität gewährt, die leider für die unter dem Prinzen Friedrich Karl ausgeführten Thaten noch fehlt.

Der Kronprinz, den wir bei Neisse mit vier Armeecorps aufgestellt wissen, erhielt am 19. Juni Abends den Befehl, ein Corps an der Neisse zu belassen, ein Corps nach Landshut an die böhmische Grenze, nördlich der Grafschaft Glatz, zu dirigiren, und mit den beiden andern Corps eine Aufstellung zwischen den beiden erstern zu nehmen, um nach der einen oder andern Seite bereit zu sein. — Wir sehen aus dieser Anordnung, daß man immer noch die Sorge hatte, Benedek könne durch Oberschlesien vordringen. Aber schon die nächsten Tage zeigten, daß die Bewegungen des Prinzen Friedrich Karl durch Sachsen nach Böhmen Benedek dorthin gezogen hatten, und sollte der Kronprinz seine Bereinigung mit Prinz Friedrich Karl im feindlichen Lande erreichen, so mußte die schlesische Armee das Gebirge passiren, ehe der Gegner sich jenseits gesam-

[60] Die Grenzboten – Zeitschrift für Politik und Literatur, 25. Jahrg., II. Semester, IV. Bd., Leipzig 1866, S. 295-303.

melt hatte. Der Kronprinz erbat sich dazu die Erlaubniß in Berlin und beantragte gleichzeitig, zur Deckung von Schlesien kein Corps zurücklassen, sondern diese Deckung in den Erfolgen in Böhmen suchen zu dürfen. Eingehende telegraphische Befehle entsprachen diesen Anträgen, und für drei Corps wurde der Befehl zum Abmarsch gegeben, während das eine, das sechste, die Anweisung erhielt, durch einen kurzen Vorstoß nach Süden die Seitenbewegung zu verbergen und dann am andern Tage zu folgen. Demgemäß stand am 26. Juni das erste Corps auf dem rechten Flügel vorwärts Landshut, das Gardecorps in der Mitte an dem vorspringenden Winkel der Grenze unweit Braunau, das fünfte Armeecorps westlich Glatz und das sechste hinter dem fünften Corps. Die letztere Anordnung war getroffen, um den linken Flügel, der sich gegen die von Süden her, um die Grafschaft Glatz herumbewegenden Massen Benedeks dirigirte, zu decken und zu stärken.

Am 26. wurde die Bewegung fortgesetzt, bei welcher die Mitte unweit Braunau den feindlichen Boden betrat und nur auf Cavaleriepatrouillen stieß, während die beiden Flügel die Grenze östlich Trautenau und Nachod erreichten. Am 27. waren alle drei Corps auf feindlichem Gebiet und stießen die Flügelcorps, welche den großen Straßen folgten, auf feindliche Abteilungen, indeß die Garde, der nur Nebenwege zu Gebote standen, es allein mit stärkeren Cavalerieabtheilungen zu thun hatte, die sie rasch über den Haufen warf.

Das erste Armeecorps, General v. Bonin, fand bei Trautenau den General Gablenz mit dem zehnten Corps, der mit seiner Avantgarde, einer Brigade, bei Trautenau ankam, als General v. Bonin mit seinen Spitzen von der andern Seite eintraf. Die preußische Infanterie drang rasch in die Stadt ein, warf die dort befindlichen schwachen Infanterieabtheilungen in einem Straßen= und Häusergefecht mit obligaten Scenen aus dem Ort und lieh die Cavalerie der Avantgarde durchgehen. Diese stieß aber bald auf überlegene Kräfte aller Waffen und wurde noch rechtzeitig von der eigenen nachfolgenden Infanterie aufgenommen. Da die Oestreicher vor dem Ort in günstiger Position standen, die preußische Infanterie aber durch einen drei Meilen langen, seit Morgens vier Uhr. angetretenen Marsch in unausgesetztem Defilé, bei großer Hitze selbst lang geworden war, so kam das Gefecht zunächst zum Stehen.

Die Oestreicher wollten diese zeitweilige Ueberlegenheit benutzen, um ihre Gegner in das Defilé zu werfen und griffen stürmisch an, wurden aber durch das Feuer der preußischen Infanterie blutig zurückgeworfen. General v. Bonin brachte seine Avantgarde zur volle» Entwickelung und ließ auch das Gros durch die Stadt vorgehen. General Gablenz aber hatte nach und nach sein ganzes Corps. 28 Bataillone, herangebracht und gewann gegen die fünf Bataillone der Avantgarde natürlich rasch die Oberhand. Bonin dirigirte deshalb das Gros auf den linken Flügel der Avantgarde, blieb aber mit der Reserve hinter Trautenau stehen; nach den verschiedenen Berichten zu schließen, so weit, daß er das Gefecht nicht unterstützen und persönlich nicht in dasselbe eingreifen konnte. Das Gros brachte in einem sehr schwierigen Terrain nur acht Bataillone und zwei Batterien in die Front, während die Avantgarde schon Terrain verlor und der Gegner alle seine Truppen und die gesammte Artillerie, achtzig gezogene Ge-

schütze, ins Gefecht zog. Die preußische Infanterie war seit früh zwei Uhr in Bewegung und es war Abends sechs Uhr geworden, ohne daß ein Moment Ruhe eingetreten wäre; sie fing an sich vor dem immer mehr anstürmenden Feind zurückzuziehen, hielt aber durch ihr Feuer jedes Eindringen des Gegners zurück. Abends 7½ Uhr traten die letzten Bataillone den Rückzug an, ohne daß der Feind folgte. Wir lesen nirgends, daß General v. Bonin mit seinen noch frischen zehn Bataillonen, von denen die Verlustlisten wenigstens nicht sprechen, eine Ausnahmestellung genommen hätte.

Der obenerwähnte officiöse Historiker der zweiten Armee sagt: „Da das Gros des Armeecorps seinen Rückzug fortgesetzt hatte, auch zu erschöpft schien, um ein neues Gefecht aufnehmen zu können, so wurde die Absicht des commandirenden Generals, nördlich Trautenau Stellung zu nehmen, unausführbar und ordnete derselbe um 9½ Uhr Abends an, daß die Truppen die am Morgen des 27. Juni inne gehabten Plätze wieder einnehmen sollten."

Diese Berichterstattung zeigt zunächst, daß General v. Bonin entweder die Leitung verloren hatte, oder aber an ein Gefecht nicht mehr dachte, denn sonst konnte das Gros den Rückzug nicht weiter fortsetzen, als er wollte, auch mußten die Truppen noch Kräfte zu einem Gefecht haben, sonst gebot er ihnen nicht noch einen Marsch in ihre 3½ Meilen entfernten Bivouaks zurückzulegen. Dieser Marsch in der Nacht mußte die noch intacten Bataillone in volle Auflösung bringen. Viel merkwürdiger aber ist der Befehl dadurch, daß er das Corps nicht in eine concentrirte Stellung, sondern wieder in zwei durch hohe Bergrücken getrennte „Plätze" dirigirte. Wir irren wohl kaum, wenn wir aus den Worten des Historikers schließen, daß General v. Bonin die Leitung seines Corps beim Rückzuge aufgegeben hatte. — Zeitungsberichte, welche anscheinend aus dem Corps stammen, bestätigen nicht nur diesen Schluß, sondern geben noch mehr zu verstehen. Doch wollen wir uns damit nicht befassen, sondern uns auf einfache Thatsachen beschränken.

Nach den Verlustlisten hatten dreizehn Bataillone — nach dem officiösen Berichterstatter deren fünfzehn nebst vier Batterien — hingereicht, das ganze östreichische Corps der Art zurückzuweisen, daß der Gegner keinerlei Trophäen davontrug und auf jede Verfolgung verzichtete. Wenn wir aber in den beiderseitigen officiellen Verlustlisten lesen, daß die Preußen 63 Offiziere und 1,360 Mann, die Oestreicher aber 196 Offiziere und 5,536 Mann verloren haben, so muß man sagen, daß, wenn General v. Bonin nur festgehalten und alle seine Bataillone ins Feuer gebracht hätte, er einen ebenso glorreichen Sieg erfochten haben würde, wie alle andern preußischen Generale. Das Armeecorps selbst hat bei Trautenau vollauf seine Schuldigkeit gethan. General Gablenz konnte bei den großen Verlusten nicht an eine Verfolgung seines Gegners denken, er be-durfte dringend der Ruhe, um sein Corps wieder zu formiren. —

Der Kronprinz hatte sich nach demjenigen Flügel seiner Armee begeben, welcher der gefährdetste sein mußte, da er den feindlichen Hauptkräften am nächs-ten war, dem linken, welchen das fünfte Armeecorps unter General v. Steinmetz bildete.

Am 26. Juni Abends hatten die Têten des steinmetzschen Corps die östreichische Grenze erreicht und waren, da sie an den nächsten Uebergängen nur sehr wenig, und in dem nahegelegenen Nachod mit seinem beherrschenden Schloß gar keine Besatzung fanden, noch in der Dunkelheit über das lange Defilé bei diesem Ort hinausgegangen. Am 27. folgte das Corps und die Avantgarde fing an sich jenseits Nachod zu entwickeln, als die Oestreicher sich vor der Front derselben zeigten. General v. Ramming. der mit dem östreichischen sechsten Corps bei Opocno 2½ Meilen südlich Nachod stand, hatte den Auftrag, den Preußen das Debouchiren über Nachod zu wehren und brach zu diesem Zweck mit grauendem Tage von dort auf. General v. Ramming gehört wie General v. Gablenz zu den anerkanntesten Führern der östreichischen Armee und man hatte wohl nicht ohne Absicht grade ihnen die ersten Aufgaben zugetheilt.

Ramming (Foto links) *fand seinen Gegner unmittelbar vor dem Defilé und stellte es sich zur Aufgabe, sofort mit allen Kräften vorzugehen, um die wenigen preußischen Truppen, die bereits debouchirt waren, auf die nachfolgenden Colonnen zurückzuwerfen. Es gelang ihm, die vordersten Linien überzurennen, aber sein Erfolg war nicht von Dauer; sobald er auf ganze preußische Bataillone stieß ward seinem Fortschreiten Halt geboten. Der General ließ deshalb auf seiner Anmarschlinie in dem drängenden Gefecht nach, hielt es nur hin und entwickelte sein Corps unter dem Schutz der Cavaleriedivision des Prinzen von Holstein auf seinem linken Flügel auf der Straße Josephstadt=Nachod, seiner spätern Rückzugslinie. Die Kürassierbrigade des Prinzen aber wurde von der preußischen Brigade Wnuck nach heftigem Handgemenge mit Verlust ihrer zwei Standarten geworfen, und während auf der Straße Opocno=Nachod die Division Löwenfeld stand, entwickelte General v. Steinmetz nunmehr auf seinem rechten Flügel auf der Straße nach Josephstadt die Division Kirchbach und seine Reserveartillerie. Das Gefecht wurde hier sehr heftig, die Oestreicher suchten immer mehr den rechten Flügel zu umfassen und griffen immer erneut an, aber vergebens, die preußischen Reihen standen und schmetterten ihre Gegner in großen Massen nieder. Um 4 Uhr gab General v. Ramming den Angriff auf und zog sich, wenig verfolgt, auf Skalitz zurück. Die Truppen des General v. Steinmetz waren durch einen zum Theil vier Meilen langen Marsch und einen harten Kampf bei glühender Hitze zu müde geworden, um noch erfolgreich vorgehen zu können; auch hatte der Feind bereits Uebermacht gezeigt und alle Nachrichten und Combinationen deuteten darauf hin, daß die ganze benedeksche Armee im Anmarsch war. General v. Steinmetz mußte sein Corps sammeln und zu neuen Kämpfen bereit machen.*

Der Tag kostete den Preußen 59 Offiziere und 1,132 Mann. Die Oestreicher verloren drei Fahnen, sechs Geschütze. 2.500 Gefangene und mindestens 6,000 Todte und Verwundete. General v. Ramming berichtete dem Feldzeugmeister, daß er nicht mehr in der Lage sei, Widerstand zu leisten und bat noch am Abend zu seiner Deckung um zwei Brigaden. General v. Steinmetz hatte mit seinen zweiundzwanzig Bataillonen und drei Cavalerieregimentern gegen achtundzwanzig Bataillone und vier Cavalerieregimenter das Debouché aus dem Gebirge gewonnen.

Vom sechsten Corps, welches dem General v. Steinmetz auf einen Tagemarsch folgte, beorderte der Kronprinz noch am Abend die vorderste Brigade, sechs Bataillone, zur Verstärkung auf das Schlachtfeld.

Feldzeugmeister Benedek gab dem Erzherzog Leopold, der am 27. bei Josephstadt mit dem achten Corps eingetroffen war, den Befehl, auch das Commando des Corps Ramming zu übernehmen und mit vereinten Kräften am 28. den General v. Steinmetz von Neuem anzugreifen. Der Erzherzog setzte sich demgemäß nach Skalitz in Marsch, formirte sein Corps im ersten, das rammingsche im zweiten Treffen und wollte grade vorgehen, als er den General v. Steinmetz in voller Front und regulärer Schlachtlinie gegen sich anrücken sah. Der Erzherzog besetzte also Skalitz und die frontal vorbeiführende Eisenbahn und erwartete seinen Gegner. Steinmetz nahm seinen rechten Flügel vor und suchte zunächst die das Flachland beherrschenden Kuppen. Waldparcellen und Gehöfte zu gewinnen, was fast im ersten Anlauf gelang, entwickelte dann das Corps rechts von diesem ersten gewonnenen Abschnitt und ging nunmehr in ganzer Linie mit fliegenden Fahnen und klingendem Spiel gegen die allseitig gedeckte feindliche Stellung vor. Es kam zu einem heftigen Ringen, in welchem einzelne preußische Bataillone, zumal am Eisenbahndamme bis ein Drittel ihrer Mannschaft verloren, aber nicht wankten. Weder die Defensive und das Zündnadelgewehr war es, welche hier siegte, sondern der eiserne Wille eines tüchtigen Generals, die scharfe Disciplin und die kernbrave Truppe schlugen den übermächtigen Gegner und nahmen ihm fünf Geschütze sowie 2,500 Mann Gefangene ab. Die Preußen verloren in dieser Schlacht bei Skalitz 59 Offiziere und 1.352 Mann. Der Kronprinz, welcher an demselben Tage Aufstellung zwischen dem General v. Steinmetz und dem in der Richtung gegen Trautenau vorgehenden Gardecorps genommen hatte, schickte, als die Fortschritte dieses letztern Corps sich entschieden hatten und die Cavalerie in dem Gefechtsfelde des letztern keine Aussicht auf Verwendung finden konnte, die Gardecavaleriebrigade dem General v. Steinmetz zur Verstärkung. Sie wurde aber gleich gegen den feindlichen rechten Flügel dirigirt und griff schon durch ihr Erscheinen und ihr Artilleriefeuer vortheilhaft in das Gefecht bei Skalitz ein. —

Das Gardecorps. welches wir am 26. vorwärts Braunau verlassen hatten, war am 27. in zwei Divisionen auf Nebenwegen zwischen den beiden Schlachten bei Trautenau und Nachod vorgegangen. Die erste Division Hiller von Gärtringen war, dem Kanonendonner folgend, in der Nähe von Trautenau angekommen, erhielt aber von General v. Bonin die Weisung, ihren befohlenen Marsch auf Eypel, 1½ Meilen von jenem Ort fortzusetzen, da er hinreichende Kräfte zur Ue-

berwindung des Gegners habe. General v. Hiller war diesem Befehl gefolgt und hatte natürlich keine Notiz mehr von dem Gefechte genommen. Stellt sich schon dieser Verzicht auf Verstärkung vor beendigtem Gefecht als ein großer Fehler dar, so war es in noch höherem Grade der nordwärts gerichtete Abmarsch Bonins nach dem Gefecht; wodurch er dem siegreichen Gegner den Zwischenraum zwischen dem eignen Corps und der Gardedivision zur Handlung frei ließ. Wenn General Gablenz nicht schon so gut wie geschlagen war. was General v. Bonin ja aber nicht ahnte, so hatte er sich nun auf General v. Hiller zu werfen.

Die zweite Gardedivision war nach Hronow und Kosteletz, eine Meile von Nachod dirigirt und langte dort an. während die Schlacht bei letzterem Ort ihre Donner am stärksten erschallen ließ. Die Division, bei welcher der Corpscommandeur Prinz von Würtemberg zugegen war. folgte diesen Tönen aber nicht, einmal wegen des eben beendigten beschwerlichen Marsches bei glühender Hitze und dann weil größere feindliche Cavalerie sich vor der Front zeigte, die zwar glänzend zurückgeworfen wurde, aber doch die Sorge erregte, daß sich auch hier größere Streitkräfte entwickeln könnten. Dies verdient zwar an sich Tadel, denn der Kanonendonner einer Schlacht ist der kräftigste und einfachste Marschbefehl, welchen ein General empfangen kann; aber der Fehler schlug diesmal zum Glück für die Operationen des Kronprinzen aus. Wäre der Prinz von Würtemberg nach Nachod marschirt, so wäre der dortige Sieg zwar leichter und vielleicht vollständiger geworden, aber das Gardecorps war dann am 28. nicht vereint und bereit, die Schlappe des Generals v. Bonin dadurch wieder gut zu machen, daß es Gablenz bei Trautenau schlug und so das erste Corps wieder vorwärts brachte. Der Prinz von Würtemberg erhielt zum 28. den Befehl, seinen Vormarsch zwischen Nachod und Trautenau fortzusetzen. Dieser Befehl war unter dem Eindruck des Sieges bei Nachod und in Rücksicht darauf gegeben, daß vom ersten Corps keine Meldung da war, also angenommen werden mußte, daß es sein Marschziel Trautenau erreicht hatte.

Der Prinz von Würtemberg concentrirte an diesem Tage sein Corps in der Gegend von Eypel, die erste Division an der Töte aus der Straße nach Kaile, Vorposten gegen Trautenau u. s. w. Diese meldeten schon frühzeitig Bewegungen des Feindes auf der Straße Josephstadt=Eypel. welche eine halbe Meile vor der Front hinlief. General Gablenz hatte von Benedek infolge seiner bedeutenden Verluste und wegen der gemeldeten Nähe der Gardedivision bei Eypel die Brigade Fleischacker des vierten Corps Festetics als Verstärkung erhalten. Diese Brigade war anscheinend in der Nacht in Bewegung gesetzt worden und hatte deshalb zwischen Prausnitz und Burgersdorf, eine halbe Meile südlich Trautenau, ein Bivouak bezogen. General v. Gablenz dirigirte seine vier. Brigaden am Morgen des 28. ebenfalls nach Prausnitz, aber auf zwei verschiedenen Straßen und zu verschiedenen Zeiten. Eine dieser Bewegungen wurde dem Prinzen von Würtemberg gemeldet und er befahl, daß die Avantgarde auf jene Straße in der Direction von Burgersdorf vorrücken, das Gros folgen solle. Diese Bewegung stieß auf das Bivouak der müden Brigade Fleischacker und überraschte diese vollständig; der General mußte sich im Rücken eines siegreichen Corps für durchaus sicher gehalten haben. Die Brigade wurde im ersten Anlauf gesprengt.

— Nun aber trafen von drei Seiten nach und nach die Brigaden des gablenzschen Corps ein und die Bataillone des Gardecorps wurden diesen entgegengeworfen, sobald sie die Höhe erreicht hatten. Es kam zu einem allseitigen, weit zerstreuten Gefecht, in welchem weder Oestreicher noch Preußen einen Zusammenhang finden konnten und schließlich diejenigen Truppen siegten, die den meisten Nerv in sich hatten. Die Berichte erzählen von verschiedenen gleichzeitigen Gefechten bei Orten, welche eine Meile auseinanderliegen und immer sind preußischerseits nur einzelne Bataillone im Kampf. Den schlimmsten Stand hatten zwei Bataillone des Kaiser=Franz=Regiments. Der Prinz von Würtemberg nämlich hatte das eine aus der Reserve rechts rückwärts detachirt, um die Verbindung mit Trautenau zu eröffnen, wo man das erste Corps erwartete. Dies zweite Bataillon traf aber auf die vierte Brigade des Corps Gablenz, das seine Marschrichtung so gerade in die äußerste rechte Flanke des Gardecorps bekommen hatte. Das Bataillon erkannte die Gefahr und warf sich allein dem siebenmal stärkeren Feind entgegen; der Major, drei Hauptleute und mehre Lieutenants fielen, die meisten andern und über ein Drittheil der Mannschaft wurden außer Gefecht gesetzt, aber sie hielten Stand, bis das erste Bataillon heranrückte, das sogar siegreich vordrang. Die Reserve des Gardecorps wurde nunmehr auf Trautenau dirigirt und nahm den Ort. Trophäen und Gefangene unterwegs auflesend. — Es dauerte lange, bis das Gardecorps sich wieder zusammenfand, dagegen war aber auch der Feind vollständig gesprengt.

Die Preußen verloren in diesem, bei Soor oder Burgersdorf genannten Gefecht 25 Offiziere und 809 Mann und machten über 4000 Gefangene. Der östreichische Verlust an Todten und Verwundeten soll mindestens ebenso viel betragen haben. Die Verfolgung war dem Gardecorps am 28. gar nicht möglich, aber am andern Tage ging es mit derselben Frische und Energie gegen den Feind vor, mit dem es am Tage vorher gefochten. Am 29. folgte Prinz von Würtemberg der vom Kronprinz gegebenen Direktion gegen Königinhof. nahm diesen Ort nach einem lebhaften Straßengefecht, in welchem zwei Fahnen und 400 unverwundete Gefangene genommen und 1 Offizier 67 Mann verloren wurden und überschritt mit der Avantgarde die Elbe.

General v. Steinmetz mußte am 29. Juni in drei Tagen die dritte Schlacht schlagen, um auch seinerseits, wie ihm befohlen, bei Gradliß, eine halbe Meile von Königinhof, die Elbe zu erreichen. — Die in den beiden letzten Tagen geschlagenen östreichischen Corps (das sechste und achte) waren durch das vierte Corps, excl. der oben erwähnten Brigade Fleischacker, aufgenommen worden und das letztere Corps hatte sich in der Gegend von Schweinschädel, eine Meile von Josephstadt, aufgestellt. Der Weg des General v. Steinmetz von Skalitz nach Gradlitz ließ Schweinschädel auf ¼ Meile links liegen, durchschnitt aber die östreichischen Vorpostenlinien. Sollte der Marsch ungehindert stattfinden, so mußte der Feind aus Schweinschädel geworfen werden. Steinmetz gewährte seinem Corps am Morgen des 29. Ruhe und brach erst um zwei Uhr Mittags unter dem Schutze einer auf der Straße nach Josephstadt vorgeschobenen Brigade auf, die hier bald zum Gefecht kam und gegen sehr bedeutende Uebermacht nicht recht vordringen konnte. General v. Kirchbach, der die eigentliche Avant-

garde führte, ging nunmehr seinerseits links schwenkend zum Angriff vor und nahm im Verein mit jener Brigade Schweinschädel und die nächsten Abschnitte nach kurzem aber blutigem Gefecht, welches 13 Offiziere und 334 Mann kostete, aber eine Fahne, mehre Geschütze und an 1000 Gefangene einbrachte. — Unter dem Schutze dieses Gefechts setzte das Corps seinen Marsch fort und in der bald einbrechenden Dunkelheit folgte General v. Kirchbach mit den andern Truppen nach. Am 30. mit Tagesgrauen lagerte General v. Steinmetz bei Gradlitz, seine Vortruppen gegen die Elbe vorgeschoben, deren jenseitige Höhen der Feind besetzt und mit schwerem Geschütz aus Josephstadt garnirt hatte. Die den braven Truppen des fünften Corps so nothwendige Ruhe wurde durch das feindliche Feuer, das auf 5—6000 Schritt die Bivouaks erreichte, gestört, aber nicht unterbrochen. Steinmetz konnte sich nicht entschließen, auch nur einen Schritt vor dem Feinde zu weichen, er blieb ruhig liegen, während die östreichischen Kugeln das Haus neben dem seinigen einäscherten. Er verlor durch dies Feuer im Bivouak einen Offizier und 21 Mann. Diese zähe Ruhe aber imponirte dem Gegner, er räumte in der Nacht zum 1. Juni die Höhen, sich selbst hinter der Elbe nicht sicher fühlend.

General v. Bonin war am 29. Juni durch einen starken Marsch aus seinen rückwärts genommenen Bivouaks wieder herangeholt und rechts hinter das Gardecorps geschoben worden, während General v. Mutius mit dem Rest des sechsten Corps dem fünften wie vorgeschrieben gefolgt war. Am 30. Juni hatte das erste Corps seinen Marsch fortgesetzt, war über die Elbe gegen Miletin gegangen und hatte hier, den rechten Flügel der zweiten Armee bildend, die Verbindung mit Prinz Friedrich Karl eröffnet, während das sechste Corps, Front gegen Josephstadt, den linken Flügel der zweiten Armee, dicht neben dem fünften Corps gewonnen und Spitzen über die Elbe geschoben hatte. —

So stand die Armee des Kronprinzen nach einer Reihe schwerer aber glänzender Gefechte, welche ihr über 5.000 Mann gekostet hatten, auf beiden Ufern der Elbe, bereit, nunmehr im Verein mit der ersten Armee weiter in Böhmen einzudringen. Da aber die Corps bisher ohne jeden Ruhetag marschirt waren, so mußte der 1. Juli ihnen als solcher gewährt werden. Allein auch der 2. Juli wurde zum Rasttag, da jetzt der König den Befehl übernahm und zunächst die erste Armee noch weiter vorwärts concentrirte.

Wenn wir nun noch einmal die beiderseitigen Verhältnisse betrachten, ehe wir in einem nächsten Aufsatz den Feldzug des Königs näher kennen lernen, so sehen wir, daß die preußischen Truppen zwar bedeutende Verluste erlitten hatten — Prinz Friedrich Karl 2,000 und der Kronprinz 6,000 Mann —, daß aber die Truppen durch anhaltende Erfolge siegessicher, moralisch im höchsten Grade gehoben waren; daß dagegen die Oestreicher von ihren acht Corps bereits sechs (das erste und die Sachsen gegen Prinz Friedrich Karl, das vierte, sechste, achte und zehnte gegen den Kronprinzen) durch sehr bedeutende Verluste, die, nicht zu hoch angeschlagen, sich auf 30,000 Mann berechnen, und dazu infolge des steten Zurückgehens auf ein sehr geringes Maß moralischer Kraft und bedeutend an Zahl reducirt hatten.

Der Ausgang des Feldzuges war jetzt zweifellos, deshalb konnte niemand erwarten, daß die Oestreicher in dieser Lage sofort durch eine allgemeine Schlacht die volle Entscheidung suchen würden, wie sie dennoch am anderen Tage thaten. —

„Kemptner Zeitung“ vom Dienstag, 3. Juli 1866:

**** Kriegspost.***

Kempten, den 2. Juli.

Vom Norden.

Es ist gegenwärtig ein schwieriges Geschäft, die Kriegsereignisse wahrheitsgetreu zu referiren. Benedek duldet bekanntlich keinen Journalisten bei der Armee und vom strategischen Standpunkt aus können wir ihm nur Recht geben. Die Correspondenten müssen sich also immer in einiger Entfernung vom Operationsfelde liegenden Orten aufhalten und sind hier auf die Nachrichten der Landleute sowohl, als der eingebrachten Verwundeten oder retirirender Abtheilungen angewiesen. Daß diese Quellen bei den einen aus Erregtheit der Phantasie und aus Furcht, bei den Andern aus Parteilichkeit und Corpsgeist nicht immer ganz frei von Übertreibung sind — ist selbstverständlich; der Korrespondent aber angewiesen, seinem Journal so schnell als möglich alles Wichtige zu berichten, kann sich nicht lange auf eine Prüfung einlassen, sondern telegraphirt eben, was ihm erzählt wird.

So kommt es, daß die nachfolgenden Detailberichte die österreichischen Siege oft sehr zusammenschwinden lassen und die Freude über den Erfolg der Bundestruppen sehr dämpfen. Wir sind natürlich dem Publikum gegenüber ebenso wie jene Correspondenten den Journalen verpflichtet, alle Nachrichten so schnell als möglich zu bringen, welche uns von glaubwürdiger Seite zukommen — wir müssen unsere Leser jedoch mit Bezugnahme auf obenerwähnte Verhältnisse bitten, zu einer endgültigen Beurtheilung der Lage immer abzuwarten, bis der Detailbericht oder die Bestätigung dieser Nachrichten folgt.

So klingen nach all' den Nachrichten über die pompösen Siege der Oesterreicher und großen Niederlagen der Preußen, die das Pardubitzer Correspondenz=Bureau in die Welt geschickt hat, folgende Wiener Korrespondenzen der Allg. Ztg. sehr kleinlaut:

Wien, 30. Juni. Auch die heut angelangten Depeschen vom nördlichen Kriegsschauplatz haben nicht zur Beruhigung des sich, wie es scheint, unnöthigen Besorgnissen hingebenden Publikums beitragen können, wiewohl Eingeweihte versichern, daß es unsern Armeecorps, wenngleich nach harten Kämpfen, vollkommen gelungen, die ihnen zugewiesenen Positionen einzunehmen. Man hält es nicht für unmöglich, daß die Ebene von Kolin der Schauplatz der Entscheidungsschlacht sein werde. Das Erscheinen eines preußischen Parlamentärs in Josephstadt, das so vielfach gedeutet wurde, hatte, wie ich aus zuverlässiger Quelle erfahre, lediglich ein Arrangement wegen Einhaltung der Genfer Beschlüsse bezüglich der Neutralität der Feldspitäler zum Zweck. Gestern Nachts sind 1800 Verwundete aus Nachod hier angekommen, nachdem die Spitäler der Zwischenstationen stark belegt worden. Die meisten der Angekommenen sind am Unterleib und an den Füßen verwundet. Sie erzählen, daß das Zündnadelgewehr in Folge des fast ununterbrochenen Feuers großen Schaden anrichte.

Wien, 30. Juni. Die „Wiener Zeitung" schreibt: Die vom Hauptquartier der k.k. Nordarmee im Laufe des gestrigen Tags hier eingetroffenen Nachrichten sind vollkommen befriedigend und geben uns folgendes Bild. Sämmtliche unter dem Befehl des FZM. Benedek stehende Armeecorps befinden sich in den Positionen, welche ihnen nach dem ursprünglich festgesetzten und durch keine Ereignisse geänderten Plan angewiesen wurden. Einzelne dieser Armeecorps sind auf dem Marsch nach ihrem Bestimmungsort vom Feind angegriffen worden, ohne daß sie indeß dadurch gehindert worden wären, das ihnen vorgesteckte Ziel zu erreichen. Alle die kleinem Gefechte sind von sekundärer Bedeutung, und haben auf den Operationsplan weder im ganzen noch im einzelnen den geringsten störenden Einfluß genommen. Wir müssen das Publicum ersuchen sich mit dieser nach allen Seiten hin beruhigenden und, wie wir wohl nicht erst zu erwähnen brauchen, vollkommen wahrheittreuen Darlegung zu begnügen, und seine allerdings begreifliche und gerechtfertigte Ungeduld noch kurze Zeit zu Mein. Gerade in diesem wichtigen Augenblick ist uns bezüglich der Details der Märsche, der Dispositionen und militärischen Maßnahmen die vollständige Reserve mehr als je zur Pflicht gemacht. Die unmittelbar bevorstehende Action, welche das Schicksal von Hunderttausenden zur Entscheidung bringt, erheischt gebieterisch die Vermeidung aller Mittheilungen, welche dem Feind auch nur den geringsten Anhaltspunkt bieten seinerseits störende Dispositionen zu treffen. (Die vom Wagner'schen Telegraphenbureau aus Pardubitz 29. Juni gemeldeten Siegesnachrichten waren jedenfalls sehr übertrieben.)

Die offiziellen preußischen Berichte die größtentheils auch in den „Bund" übergehen, schreiben ihren Landsleuten stets den Sieg zu, verdienen jedoch noch weniger Glauben, als das Correspondenzbureau in Pardubitz, denn mit welchen Mitteln Bismarck kämpft ist ja bekannt. So sonderbar es klingt, so scheinen uns die sichersten und unparteilichsten Nachrichten die Benedek's. Sie zeichnen sich durch schmucklose und objective Darstellung vor denen der siegestrunkenen Federhelden bedeutend aus.

Aus dem Hauptquartier Josephstadt vom 28. Juni schreibt Benedek an den Generaladjutanten des Kaisers: Im Nachhang zu meinem telegraphischen Bericht vom Abend des 27. bezüglich der Gefechte bei Podol und Skalitz beehre ich mich Ew. Excellenz auch über jene Begebenheiten in Kenntniß zu setzen, welche im Laufe des 27. bei Trautenau verliefen. Die Meldung hierüber vom zehnten Armeecorps langte heute um halb 2 Uhr Morgens hier an. Um 6 Uhr Morgens des obengenannten Tages fand die Avantgarde, Brigade Oberst Mondel, des von Schultz in der Vorrückung begriffenen Armeecorps, Trautenau besetzt und schritt zum Angriff. Der Kampf war lebhaft und wurde nach und nach von allen Truppen des Armeecorps genährt. Nach Aussagen der Gefangenen sollen es drei Brigaden des ersten Corps gewesen sein, die der Gegner zur Behauptung seiner Stellung nach und nach ins Gefecht warf. Nach heißem und blutigem Kampf war um auf 9 Uhr Trautenau in unserer Gewalt, doch dauerte das Feuergefecht, obgleich schwach, noch zur Zeit der Absendung des Gefechtberichts — 9 Uhr — fort. Nachdem sich das zehnte Armeecorps so in der Stellung bei Trautenau festgesetzt hatte, erfuhr Feldmarschall=Lieutenant Gablenz auf vertraulichem Wege, daß der Feind um 4 Uhr Nachmittags eine starke Brigade gegen Eipel entsendet habe, um ihn in Flanke und Rücken zu bedrohen, und bezog hierauf, um dem Feind auch dort die Spitze zu bieten, unter Rücklassung von nur einer Brigade zur Besetzung von Trautenau selbst, mit den übrigen Theilen des Armeecorps die Position auf den Höhen unmittelbar südlich von Trautenau, gegen welche Position der Feind keinen fernern Angriff wagte.

Erzherzog Leopold ist an einem Nierenleiden ernstlich erkrankt und hat sich nach Pardubitz begeben. Das Commando des achten Armeecorps übernimmt Generalmajor Weber. Benedek stellt dem Erzherzog das Zeugniß aus, daß er sich bei Skalitz voll Umsicht und Muth gezeigt habe.

Die Wiener „N. Fr. Pr." skizzirt den Kampf vom 27. d. bei Nachod und Skalitz also: „Das sechste Armeecorps kämpfte beständig bergan, bis es endlich gelungen war Skalitz zu besetzen, und die Preußen in der Richtung von Königshof abzudrängen. worauf diese das Gefecht abbrachen. Der Kampf bei Skalitz und Nachod war hartnäckig und erbittert im höchsten Grade. Ein österreichisches Cürassierregiment soll drei preußische Uhlanenregimenter buchstäblich zusammengehauen haben. Zwei Bataillone unserer herrlichen Jäger sollen mit dem Kolben und Bajonett wahrhaft fürchterlich gearbeitet, haben. Die österreichischen Raketen wirkten ausgezeichnet, dagegen sollen sich die hochgepriesenen preußischen Gußstahlkanonen wenig bewährt haben. Mehrere Dörfer, darunter Wvsokow und Schönow, gingen in Flammen auf. Nach Josephstadt waren am 27. Abends bei 509 verwundete Oesterreicher gebracht worden; mehr als die Zahl für welche vorgesehen war. Die Verwundeten sind meist an Händen, Füßen nnd am Unterleib getroffen, was dem Umstände zuzuschreiben ist, daß die preußische Infanterie das Zündnadelgewehr nicht anlegt, und zielt, sondern dasselbe an der Stelle wo es rasch geladen wird, anlegt und abdrückt. Die Kugeln treffen daher sehr tief, wenn sie überhaupt treffen."

Wien, 30. Juni. Abendblätter melden, daß die Preußen Oswiecim und Wildenschwerdt besetzt haben. Die Postverbindung zwischen Wien und Prag ist gestört. Zahlreiche Prager treffen über Regensburg in Wien ein. (A. Z.)

Prag, 30. Juni, Abends. Gestern haben die Oesterreicher günstige Gefechte bei Kost nächst Turnau, bei Chiralkowitz zwischen Skalitz und Königinhof bestanden. Die Bezirke Jungbunzlau und Böhmischkamnitz sind von den Preußen geräumt. Von Gitschin fliehende Preußen, durch Oesterreicher und Sachsen geschlagen, verließen das Schlachtfeld, indem sie Todte und Verwundete zurückließen.

Spätere Ereignisse

Der Magistratsrat Anton Jahnel (1825-1896, linkes Foto) hat nach Augenzeugenberichten eine Chronik der preußischen Invasion des nördlichen Böhmens im Jahre 1866 veröffentlicht. Jahnel war Magistratsreferent in der böhmischen Stadt Reichenberg und später (1869) deutschliberaler Landtagsabgeordneter. Er stammte aus der Leipaer Gegend. Er schreibt im Vorwort vom 15. Mai 1867: „... ich, der ich Dich zusammengetragen, bescheide mich mit dem Bewußtsein, die schweren Drangsale, die an uns vorübergegangen, nach bestem Wissen verzeichnet, in meiner Darstellung dem Rechte Oesterreich's nichts vergeben, der Wahrheit auch dem Feinde gegenüber Rechnung getragen, und, um das Werk zu Stande zu bringen, jede freie Stunde, vom Einmarsche der Preußen, bis zum heutigen Tage, dem Unternehmen gewidmet zu haben."

Abb. 54: Denkmal für die bei Trautenau und Rognitz Gefallenen. Von der Spitze des 20 Meter hohen Obelisken des Gablenzdenkmals aus bietet sich ein herrlicher Ausblick in westlicher bis nordöstlicher Richtung. Sudeten-Archiv.

Mehrere Denkmale für die Gebliebenen beider Armeen wurden in Trautenau in den Jahren nach der Schlacht aufgestellt. Im August 1867 wurde das vom 8. Ostpreußischen Infanterie-Regiment Nr. 45 dort seinen Toten gesetzte Denkmal eingeweiht. Dies trägt unter einem goldenen Kranz die Worte:

Trautenau,
den 27. Juni 1866.
Hauptmann Gustav v. Gabain
Hauptmann Wilh. v. König
Sec.-Lieutenant Ernst Treupe
Sec.-Lieutenant Ernst Stampe.

Am Sockel der Widmung:

Seinen im Kampf gefallenen
Kameraden. Das Offizier-Corps
des Königlichen 8. Ostpreussischen
Infanterie-Regiments No. 45.

„Die andern 3 Seiten sind mit den Namen der gefallenen Mannschaften der 3 Bataillone des Regiments ausgefüllt“, schreibt Theodor Fontane.

Auf dem Kapellenberg hat am 22. Oktober 1868 das Offizierkorps des 6. Ostpreußischen Infanterie-Regiments Nr. 43 auf der Stelle, wo Major Friedrich von Hüllesheim und sein Adjutant Lieutenant Eduard von Keber gefallen waren, einen auf Stufen ruhenden siebeneinhalb Fuß hohen Obelisken aus Bunzlauer Sandstein gesetzt, mit einer Kugel und einem Adler auf der Spitze. Die erste Seite enthält den Spruch der Offenbarung; auf der zweiten steht die Inschrift:

Wer kühn und todesmuthig
im Kampfe sich bewährt,
des Namen wird von Freunden
und Feinden gleich geehrt

Abb. 55: Major Friedrich von Hüllesheim, Kommandeur des 1. Bataillons des Infanterie-Regiments 43, gefallen am 27. Juni 1866 am Kapellenberg, begraben auf dem Kirchhof. Fontane, S. 380.

Auf der dritten: „Dem Andenken seiner am 27. Juni 1866 auf diesen Höhen gefallenen Kameraden weiht dieses Denkmal das Offizierkorps des 6. ostpreußischen Infanterieregiments Nr. 43.“, und auf der vierten Seite: „Es starben den schönen Soldatentod Major Friedr. von Hüllesheim, Hauptmann Freiherr Fritz von Braun, Premierlieutenant Eduard von Keber, Secondelieutenant Fritz Dewischeit, Vicefeldwebel Kirsch, 3 Unteroffiziere, 77 Musketiere und 21 Füsiliere." Ein anderes Denkmal „der im Treffen gefallenen Preußischen und Österreichischen Soldaten" hatten die Gebrüder Walzel, Fabrikbesitzer in Parschnitz, Trautenau schon am 29. Juni 1867 gesetzt.

Abb. 56: „Es starben den schönen Soldatentod ..." Das Ehrenmal vor der Kapelle.

Das auf dem Kapellenberg bei der St. Johanniskapelle am 22. Oktober 1868 enthüllte Denkmal des 6. Ostpreußischen Infanterie-Regiments Nr. 43 war ein Obelisk über Granitstufen, bekrönt mit einem metallenen Adler und mit Inschriften und Namen auf den Flächen.[61]

Abb. 57: Diese Postkarte, die den Stadtpark, das Kampffeld von 1866, zeigt, wurde 1903 verschickt.

[61] Goedsches Kalender für den Preußischen Volks-Verein 1870, 8. Bd., Berlin o. J., S. 35. Vgl. Jahrbücher für Gesellschafts- und Staatswissenschaften, 5. Jahrg., 9. Bd., hrsg. von Prof. Dr. Johann Karl Glaser, Berlin 1868, S. 310.

Der seinerzeitige Stadtarzt Dr. med. Bernhard Pauer (1827-1908) legte im Jahre 1892 mit einer Publikation über die Ereignisse des Jahres 1866 nach. Der Verein für Geschichte der Deutschen in den Sudentenländern in Prag schreibt dazu nach der Veröffentlichung in ihren Mitteilungen auf S. 118: „Mehr als ein Vierteljahrhundert ist vorüber gerauscht seit den denkwürdigen Ereignissen von 1866, wo Trautenau beim Beginn des Feldzuges in den Vordergrund getreten ist. Es wird nicht mehr so lange dauern und jene Männer, die Augenzeugen und Mitbetheiligte in Trautenau gewesen sind, werden von dem Schauplatze abtreten. Es ist gar wünschenswerth, daß solche Männer wie Dr. Pauer, der alles miterlebt, der mitgearbeitet, wo es galt zu helfen und Roth zu lindern, ihre Erlebnisse der Nachwelt mittheilen."

Abb. 58: Ansichtskarte vom Ringplatz in Trautenau um das Jahr 1910.

Der österreichische Heerführer und Mitglied des Herrenhauses im Reichsrat General Ludwig von Gablenz, zuletzt kommandierender General von Ungarn und General der Kavallerie, erschoss sich am 28. Januar 1874 bei einem Besuch in Zürich im Zimmer seines Gasthofes infolge zerrütteter Vermögensverhältnisse. Die Kugel traf ihn ins Herz, er hinterließ außer seiner Witwe zwei Söhne und eine Tochter. Am 25. September 1905 wurden seine sterblichen Überreste mit dem ursprünglichen Grabmal vom Züricher Friedhof nach Trautenau überführt. Unter Teilnahme zahlreicher Generäle, Offiziere, 30 Deputationen, österreichischer und preußischer Veteranenvereine sowie noch lebender Teilnehmer am damaligen Kampfgeschehen wurde er in der Krypta des Denkmals des 10. österreichischen Armeekorps auf dem Galgenberg Šibeník feierlich beigesetzt.

In dem 1890 gegründeten Trautenauer Stadtmuseum befindet sich eine Gedenkschrift vom 6. Juli 1886, in der es einleitend heißt:

Unvergessen bleibt im Volke, der des Volkes nie vergaß. Kaiser Josef II. er wird heute nach hundert Jahren der „Unvergeßliche" genannt. Er, der sich mit Stolz einen Deutschen nannte, organisirte Oesterreich als Einheitsstaat auf deutscher Grundlage. Und weil man heute mit aller Macht bestrebt ist, Oesterreich seines deutschen Charakters zu entkleiden und in einzelne Ländergruppen aufzulösen: Darum ist es eine Pflicht der Deutschen Oesterreichs, das Andenken Kaiser Josefs in Wort und Bild zu feiern, nachdem die Deutschen heute allein noch die

Träger seiner Ideale sind. Die Stadtvertretung von Trautenau faßte am 18. September 1882 den Beschluß, Kaiser Josef II. ein würdiges Denkmal zu setzen ...

Unterzeichnet ist das Dokument von dem mit der Ausführung betrauten Komitee (Obmann: Med. Dr. Josef Flögl), namentlich genannt ist am Schluss die gesamte Gemeindevertretung unter Bürgermeister (1887-1894) Med. Dr. Josef Franke. Das Denkmal wurde am 22. August 1886 enthüllt.

Der Apothekenbesitzer Carl Czerny jun., älterer Bruder des berühmten Chirurgen Geheimrat Prof. Dr. Vincenz Czerny (1842-1916) in Heidelberg, starb in Trautenau am 3. April 1900 im Alter von 60 Jahren. Carl Czerny gehörte zu den 19 im Jahr 1866 verhafteten Trautenauer Bürgern. Die Familie Czerny hatte die Apotheke „Zum goldenen Stern" bereits seit 1792 geführt.

Abb. 59 und 60: Alte Postkarten vom Gablenzdenkmal. Links: Spendenaktion des Militär-Veteranen-Vereins Trautenau.

Abb. 61: Am 19. Januar 1920 geschriebene und auf Tschechisch verfasste Ansichtskarte vom Gablenzdenkmal. Gerichtet war sie an Rudolf Vrkoslav in Semil bei Ribnitz (*Rybnice*).

Abb. 62: „Trautenau/Sudetengau: Historische Kapelle von 1866.“ 1942 gelaufene Postkarte.

Abb. 63: 1943 verschickte Postkarte mit Urlaubsgrüßen von Otto Altmann und einer Ansicht von Trautenau.

Abb. 64 und 65: Fotos von den Gedenkkreuzen an der Kapelle St. Johann. Das Infanterie-Regiment Kaiser Franz Josef Nr. 1 verlor den Kommandanten des 1. Bataillons, Oberstlieutenant Heinrich Edler von Habermann, geboren zu Wien am 1. August 1827, und einen großen Teil seiner Offiziere (Major Alfred Pilati, Hauptmann Johann Ethofer, die Oberleutnante Alexander Julian, Franz Ritter v. Zanoni, Alois Rabenegger, Franz Mühlberger, Rudolf Schattenek v. Ludwigsburg sowie die Leutnante Karl Edler v. Schosulan und Julius Blumenwitz) und griff zweimal vergeblich an. Dagegen gelang es dem 2. und 3. Bataillon vom Westen her, die Höhe zu ersteigen, den Feind aus seiner Stellung zu werfen und die Kapelle zu nehmen. Major Alfred Pilati, welcher an der Spitze seines (3.) Bataillons zuerst auf der Höhe angelangt war, fiel, von einer Kugel tödlich getroffen. Das Infanterie-Regiment Erzherzog Carl hatte den Angriff wesentlich unterstützt; sein Kommandant Oberst Adolf Pehm, geboren zu Aversa in Italien am 12. April 1823, sowie Oberstlieutenant Wilhelm Baron Stenglin fielen (Grabstein Foto oben Mitte), letzterer von vier Kugeln tödlich getroffen, am 27. Juni 1866.

Aus Anlass des 100-jährigen Jubiläums der Überführung der Gebeine des Generals von Gablenz nach Trautenau fand am 10. September 2005 eine große Parade statt. Dabei stellten sich Soldaten der historischen Einheiten in Glanz und Gloria vor. Vor dem Gablenzdenkmal trafen sich der Ur-Ur-Neffe des Siegers der Schlacht bei Trautenau, Ludwig von Gablenz, Franz Heinrich Freiherr von Gablenz, ein ehemaliger Chefpilot der Deutschen Lufthansa, und Waldemar Prinz zu Schaumburg-Lippe, 1940 geborener Urenkel des dänischen Königs Friedrich VIII., der als Ehrengast auch eine Rede hielt.

Abb. 66-71: Bilder vom 100. Jahrestag der Überführung von General von Gablenz in Trautenau: Man präsentiert sich mit den alten Uniformen.

Literatur

Geschichte der preußischen Invasion und Okkupation in Böhmen im Jahre 1866, Gesammelte Beilage der Zeitschrift „Politik“, Prag 1867

Karl-Horst Bichler, Ruijun Shen: Der Preußisch-Österreichische Krieg in Böhmen 1866, Berlin 2009

Heinrich Friedjung: Der Kampf um die Vorherrschaft in Deutschland 1859 bis 1866, 2. Bd., 10. Aufl., Gefechte von Nachod und Trautenau, Stuttgart und Berlin, Cottasche Buchhandlung 1917

Heinz Helmert; Hans-Jürgen Usczeck: Preußischdeutsche Kriege von 1864 bis 1871 – Militärischer Verlauf, 6. überarbeitete Aufl., Berlin, Militärverlag der Deutschen Demokratischen Republik 1988

Georg Hiltl: Der Böhmische Krieg. Nach den besten Quellen, persönlichen Mitteilungen und eigenen Erlebnissen geschildert. 3. Aufl., Bielefeld, Velhagen u. Klasing, 1867 (mit einer Übersichtskarte des Kriegsschauplatzes und Spezialkarten der Schlachten von Trautenau, Nachod, Skalitz, Schweinschädel und Königgrätz sowie Holzstichen von Otto Fikentscher, C. von Grimm, Fr. Kaiser u. a.)

Carl Hoffmann, königl. bayerischer Hauptmann: Das Gefechtsfeld und das Treffen bei Trautenau im Kriege 1866, in: Streffleur's Österreichische Militärische Zeitschrift, hrsg. von Moriz Brunner, k. k. Hauptmann im Genie-Stabe, XI. Jahrg., 3. Bd., Wien 1870, S. 1-32, 133-144

Anton Jahnel: Chronik der Preußischen Invasion des nördlichen Böhmens im Jahre 1866, nach zuverlässigen Quellen bearb., Reichenberg, Selbstverlag 1867

R.M.: Betrachtungen über die Führung des 1. preußischen Armeecorps im letzten Feldzug, I. Schlacht bei Trautenau (Danziger Zeitung 3800), II. Von Trautenau bis Prerau (Danziger Zeitung 3813)

Bernhard Pauer: Trautenau 1866 – Erinnerungen, Erlebnisse und Schriftstücke aus dem Kriegsjahre in und bei Trautenau; ein Beitrag zur Geschichte der Stadt und Umgebung jener Zeitepoche, Trautenau 1891

Ferdinand Pflug: „Auf dem Capellenberg von Trautenau“, in: Die Gartenlaube, Leipzig 1866, Heft 31/32, S. 489 ff.

Friedrich Regensberg (1877 bis 1929 Redakteur und Militärschriftsteller in Stuttgart): Nachod 1866, Stuttgart, Franckh'sche Verlagshandlung 1905

Friedrich Regensberg: Trautenau 1866, Stuttgart, Franckh'sche Verlagshandlung 1905

Hieronymus von Roth: Achtzig Tage in preußischer Gefangenschaft und die Schlacht bei Trautenau am 27. Juni 1866, Prag, Carl Bellmann's Verlag 1867

Richard Schmitt: Die Gefechte bei Trautenau am 27. und 28. Juni 1866 nebst einem Anhang über moderne Sagenbildung, Gotha, F. A. Perthes 1892

Adolf Strobl: Trautenau – Kurze Darstellung des gleichnamigen Treffens am 27. Juni 1866, Wien, L. W. Seidel 1901

www.kuk-wehrmacht.de/gefechte; www.marlesreuth.de/krieg1866.htm; www.trutnov.cz/1866

Abbildungsverzeichnis

Abb. **1, 6, 11, 12, 16, 22, 26, 31, 33, 38, 39, 40, 42, 43, 44, 45, 46, 54, 55, 57, 58:** digitales Archiv Matthias Blazek

Abb. **2, 4, 9, 10, 23:** Wikipedia – die freie Enzyklopädie

Abb. **3, 5, 56, 64, 65:** Foto von Peter Schulz

Abb. **7:** Fontane, S. 358. Foto: Blazek

Abb. **8:** Fontane, S. 359. Foto: Blazek

Abb. **9:** Oberbefehlshaber der Nordarmee k. k. Feldzeugmeister Ludwig Ritter von Benedek (1804-1881), der „Held von Solferino". Von Benedek war der Sohn eines Arztes und wurde an der Militärakademie in Wiener Neustadt ausgebildet. Geboren wurde er am 14. Juli 1804 in Ödenburg (heute *Sopron*, Ungarn). Fotografie von Ludwig Angerer, 1860. Wikipedia – die freie Enzyklopädie

Abb. **10:** Der österreichische General Eduard Clam-Gallas (1805-1891) in einer Lithographie von Josef Kriehuber von 1849. Clam-Gallas erlitt in der Schlacht bei Gitschin (29. Juni 1866) eine verheerende Niederlage. Im August 1866 wurde er mit Feldzeugmeister Alfred Freiherr von Henikstein (1810-1882), Ritter von Benedek und Gideon Ritter von Krismanic (1817-1876) vor ein Kriegsgericht unter dem Vorsitz des Feldzeugmeister Johann Graf Nobili gestellt. (KA, KM 1866, CK, Karton 242, 14-5/33, Wr. Neustadt, September 27, 1866, FZM Nobili, „Untersuchungs-Commission." AFA 1866, Karton 2280, 13-104, Wien). Wikipedia – die freie Enzyklopädie

Abb. **13:** Der preußische General Adolf von Bonin. Er war später Generalgouverneur von Lothringen. Aus: Krieg und Sieg 1870-71, Ergänzungsband Kulturgeschichte, hrsg. von Julius von Pflugk-Harttung, Berlin 1896. Ebenfalls verwendet bei: Blazek, Matthias, „Die Schlacht bei Trautenau am 27. Juni 1866 – Einziger Sieg der Österreicher – Niederlage Preußens durch schlechte Abstimmung / Hohe Verluste auf beiden Seiten", Sachsenspiegel 52, Cellesche Zeitung vom 31. Dezember 2011.

Abb. **14:** Ludwig von Benedek. Kupferstich von 1859. Repro: Blazek

Abb. **15:** Dr. Hieronymus Roth. Foto vom Atelierfoto: Blazek

Abb. **17, 18, 20, 24, 25, 27, 28, 29, 30, 32, 34, 35, 36, 37, 41, 47, 48, 51:** Ausstellung im Museum Trutnov. Foto von Peter Schulz

Abb. **19:** Der preußische General der Infanterie Gustav Freiherr von Buddenbrock (* 10. März 1810 in Lamgarden, Landkreis Rastenburg in Ostpreußen, † 31. März 1895 in Düsseldorf), 1895/96. Im Range eines Generalmajors kämpfte mit der 1. Divison bei Trautenau. Aus: Krieg und Sieg 1870-71, Ergänzungsband Kulturgeschichte, hrsg. von Julius von Pflugk-Harttung, Berlin 1896

Abb. **21:** Foto: Exsomnis

Abb. **49:** Der Schriftsteller Theodor Fontane. Gemälde von Carl Breitbach (1833-1904), 1883

Abb. **50:** Der österreichische Historienmaler Rudolf Müller (1816-1904), 1893. Von Carl Angerer (1838-1916), in: Böhmens deutsche Poesie und Kunst, Bd. 3, S. 612

Abb. **52:** Der österreichische General Wilhelm von Ramming (1815-1876). Lithographie von Josef Kriehuber (1800-1876), 1855. Digitales Archiv Matthias Blazek

Abb. **53:** Magistratsrat Anton Jahnel (1825-1896), Chronist der preußischen Invasion des nördlichen Böhmens im Jahre 1866. Digitales Archiv Matthias Blazek

Abb. **58-63:** Ansichtskarte Sammlung und Repro: Matthias Blazek

Abb. **66-71:** Foto von Werner Mühlmann

DER VERFASSER

Matthias Blazek

Heimatkundler.

Veröffentlichungen:

Dörfer im Schatten der Müggenburg, 1997.
L'Histoire des Sapeurs-Pompiers de Fontainebleau, 1999.
Ahnsbeck, 2003.
75 Jahre Sportverein Nienhagen von 1928 e.V., 2003.
Dorfgeschichte Wiedenrode, 2004.
Die Geschichte der Bezirksregierung Hannover im Spiegel der Verwaltungsreformen, 2004.
Dorfchronik Nienhof, 2005.
Schillerslage, 2005.
75 Jahre Ortsfeuerwehr Wienhausen, 2005.
Hexenprozesse – Galgenberge – Hinrichtungen – Kriminaljustiz im Fürstentum Lüneburg und im Königreich Hannover, 2006.
Das niedersächsische Bandkompendium 1963-2003, 2006.
Das Löschwesen im Bereich des ehemaligen Fürstentums Lüneburg von den Anfängen bis 1900, 2006.
Das Kurfürstentum Hannover und die Jahre der Fremdherrschaft 1803-1813, 2007.
75 Jahre Niedersächsische Landesfeuerwehrschule Celle 1931-2006, 2007.
Celle – Neu entdeckt, 2007.
Geschichten und Ereignisse um die Celler Neustadt, 2008.
Die Hinrichtungsstätte des Amtes Meinersen, 2008.
Haarmann und Grans – Der Fall, die Beteiligten und die Presseberichterstattung, 2009.
Carl Großmann und Friedrich Schumann – Zwei Serienmörder in den zwanziger Jahren, 2009.
Helmerkamp – unser Dorf, 2009.
Unter dem Hakenkreuz: Die deutschen Feuerwehren 1933-1945, 2009.
Wathlingen – Geschichte eines niedersächsischen Dorfes, Band 3, 2009.
100 Jahre Musikzug der Freiwilligen Feuerwehr Eldingen 1910-2010, 2010.
Scharfrichter in Preußen und im Deutschen Reich 1866-1945, 2010.
Die Geschichte des Feuerwehrwesens im Landkreis Celle, 2010.
Im Schatten des Klosters Wienhausen – Dörfliche Entstehung und Entwicklung im Flotwedel, ausgeführt und erläutert am Beispiel der Ortschaften Bockelskamp und Flackenhorst, 2010.
Die Geschichte der Grund- und Hauptschule Neustadt 1885-2010, 2010.
40 Jahre Kindergarten in Großmoor, 2010.
Die Anfänge des Celler Landgestüts und des Celler Zuchthauses sowie weiterer Einrichtungen im Kurfürstentum und Königreich Hannover 1692-1866, 2011.
Die Grafschaft Schaumburg 1647-1977, 2011.
Die Brüder Wilhelm und Friedrich Reindel – Scharfrichter im Dienste des Norddeutschen Bundes und Seiner Majestät 1843-1898, 2011.
Westpreußen – Das Land an der unteren Weichsel, 2012.
Die Geschichte des Hamburger Sportvereins von 1887, 2012.

Zahlreiche weitere Aufsätze und Quellenveröffentlichungen zur niedersächsischen Landesgeschichte.

Die Sonne steht am Himmel,
Mit ihr da schied die Schlacht.
Es senket sich der Schleier
Der dunklen, trüben Nacht.

Das Lied vom „Sterbenden Krieger“ in der deutsch-böhmischen Sammlung unter dem Titel „Bei Trautenau“ (S. 84), Zeitschrift für Volkskunde, Band III, 1893, S. 183

Matthias Blazek

"Herr Staatsanwalt, das Urteil ist vollstreckt."

Die Brüder Wilhelm und Friedrich Reindel

Scharfrichter im Dienste des Norddeutschen Bundes und Seiner Majestät 1843–1898

ISBN 978-3-8382-0277-8
166 S., Paperback, € 18,90

Erhältlich in jeder Buchhandlung
oder direkt bei

ibidem

Matthias Blazek legt mit diesem Buch die erste ausführliche Lebensbeschreibung der beiden Scharfrichterbrüder Wilhelm und Friedrich Reindel vor. Dass es die erste derartige Aufarbeitung ist, zeigt wiederum, wie wenig sich die Geschichtswissenschaft bislang diesem Bereich gewidmet hat, obwohl Scharfrichter sehr wohl im besonderen öffentlichen Augenmerk ihrer Zeitgenossen standen – je öfter sie tätig wurden, desto bekannter waren sie auch.
So zählte Friedrich Reindel (1824–1908), Patenkind des Preußenkönigs Friedrich Wilhelm I., zu den bekanntesten Scharfrichtern Deutschlands und wurde gar mit dem Spitznamen „Vater Reindel" belegt – was wohl auch dem Umstand geschuldet ist, dass er noch bis ins hohe Alter als Scharfrichter mit dem Handbeil Enthauptungen vornahm. In den letzten Jahrzehnten des 19. Jahrhunderts wurden fast alle Todesurteile im norddeutschen Raum durch ihn vollstreckt.
Während Friedrich Reindel von 1874 bis 1898 seines grausigen Amtes waltete, war vor ihm sein älterer Bruder Wilhelm Reindel (1813–1872) der Hauptakteur der Jahre 1852 bis 1870. Er war gemeint, wenn vom „Scharfrichter des norddeutschen Bundes" oder dem „Scharfrichter aus Werben in der Altmark" die Rede war. Sein jüngerer Bruder assistierte ihm dabei bereits bei 40 Hinrichtungen.

Der Autor:

Matthias Blazek, Journalist und Historiograph, knüpft mit seinem jüngsten Werk an sein vielbeachtetes Buch *Scharfrichter in Preußen und im Deutschen Reich 1866–1945* (ISBN 978-3-8382-0107-8) an.

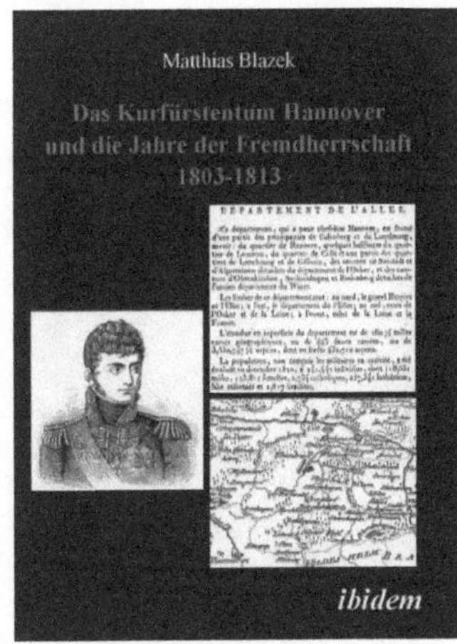

Matthias Blazek

**Das Kurfürstentum Hannover
und die Jahre der Fremdherrschaft
1803-1813**

ISBN 978-3-89821-777-4

152 S., Paperback, € 14,90

Erhältlich in jeder Buchhandlung
oder direkt bei

ibidem

Die französische Fremdherrschaft, die "Franzosenzeit" der Jahre 1803 bis 1813, war die Zeit, in welcher der französische Kaiser Napoleon I. Niedersachsen in sein Kaiserreich einverleibte und für seinen jüngsten Bruder, Jérôme Bonaparte, ein neues Königreich, das Königreich Westfalen, schuf.
Es war die Zeit, in der der westliche Nachbar dem Hannoverland seinen Stempel aufdrückte, der gewiss in einigen Bereichen gute Einflüsse ausgeübt hat. Es war allerdings auch die Zeit, in der das hannoversche Volk für den verlustreichen Feldzug nach Moskau rekrutiert wurde, jenes schlimme Szenario, dem weit über die Hälfte der Teilnehmer aus Kurhannover zum Opfer fielen.

Matthias Blazek hat sich in mühevoller Archivarbeit einem Thema gewidmet, das nunmehr auf 152 Seiten abgedruckt ist und einen interessanten wie fundierten Einblick in diesen kurzen aber prägenden Abschnitt der niedersächsischen und hessischen Landesgeschichte gewährt. Alles in allem liegt hier ein Nachschlagewerk für Chronisten, Heimatkundler und Freunde der französischen Kultur vor.

Aus dem Inhalt: 4. Die Franzosen lebten im Kurfürstentum im Jahre 1803 in Saus und Braus, 5. Kontributionen in der Franzosenzeit, 6. In 17 Monaten 6887 Pferde angefordert, 7. Steinförde während der Franzosenzeit, 8. Die Odyssee des hannoverschen Silberschatzes nach Sankt Petersburg 1803-1805, 9. Ausschreiben wegen der Kriegssteuer, 10. Staatliche Hilfe nach dem großen Brand von Burgdorf 1809, 11. Das Vorwerk Müggenburg in der Franzosenzeit, 12. Die Franzosen im Amt Meinersen, 13. Die Katastrophe in Russland, 14. Verhaft und Befreiung der hundert Bürger Lüneburgs, 15. Die Rechtspraxis in der Franzosenzeit, 16. Die hannoversche Geschichte 1803-13 in gedrängter Übersicht, 17. Schrifttum zum Thema, 18. Ortsregister.

***ibidem*-Verlag**
Melchiorstr. 15
D-70439 Stuttgart
info@ibidem-verlag.de

www.ibidem-verlag.de
www.ibidem.eu
www.edition-noema.de
www.autorenbetreuung.de

Zeitfracht Medien GmbH
Ferdinand-Jühlke-Straße 7
99095 Erfurt, Deutschland
produktsicherheit@kolibri360.de